Un été parfait
... und viele weitere Kurzgeschichten aus dem französischen Alltag

von

Romain Allais, Xavier Creff,
Samuel Desvoix & Delphine Malik

PONS 5-Minuten-Lektüren FRANZÖSISCH
Un été parfait ... und viele weitere
Kurzgeschichten aus dem französischen Alltag

von
Romain Allais, Xavier Creff, Samuel Desvoix & Delphine Malik

Geschichten 1 – 5: Xavier Creff, Geschichten 6 – 15: Romain Allais,
Geschichten 16 – 20: Samuel Desvoix & Delphine Malik

Alle Personen und Handlungen sind erfunden. Ähnlichkeiten mit lebenden oder verstorbenen Personen und tatsächlichen Begebenheiten wären rein zufällig.

6. Auflage 2025

© PONS Langenscheidt GmbH, Stöckachstraße 11, 70190 Stuttgart, 2019
www.pons.de
Alle Rechte vorbehalten.

Projektleitung: Canan Eulenberger-Özdamar
Redaktion: Fabienne Schmaus-Schreitmüller
Logoentwurf: Erwin Poell, Heidelberg
Logoüberarbeitung: Sabine Redlin, Ludwigsburg
Layout: Petra Michel, Essen
Satz: tebitron gmbh, Gerlingen
Druck: Multiprint Ltd., Kostinbrod

ISBN: 978-3-12-562231-9

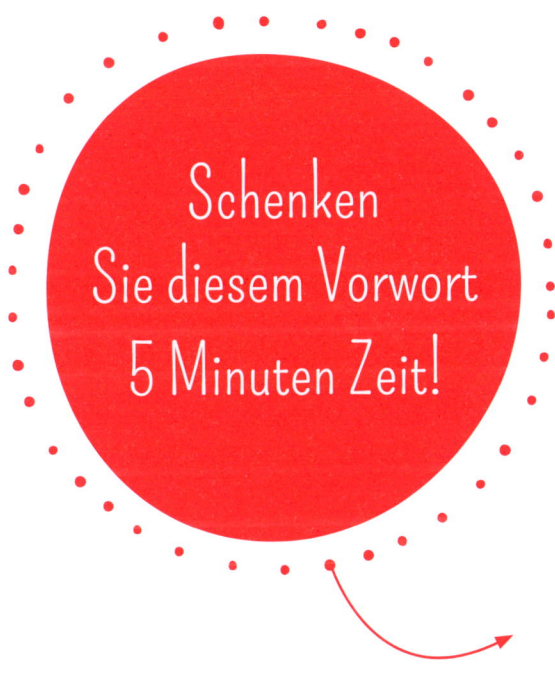

Schenken Sie diesem Vorwort 5 Minuten Zeit!

Die Geschichten

Perfekt für 5 Minuten!
In diesem Buch finden Sie 20 kurze französische Geschichten, mit denen Sie wunderbar jede Pause, Wartezeit oder Busfahrt verkürzen können.

Mit locker-leichten Geschichten lernen Sie den **französischen Alltag** kennen und erweitern mühelos Ihren Französisch-Wortschatz zu grundlegenden Themen.

Lesefreundlich!
Worthilfen stehen direkt über dem Wort: **maison** (Haus). So können Sie weiterlesen, ganz ohne Blättern und Suchen im Wörterbuch. Manche Wörter sind **rot** markiert. Das sind Wörter, die in den **Mind-Maps** auftauchen. Dazu mehr auf der nächsten Seite!

Platz für Notizen
Der große Zeilenabstand bietet auch Raum für Ihre eigenen Eintragungen.

Vorwort

Die Mind-Maps

Das wird Ihr Gehirn lieben!
Unser Gehirn freut sich über Strukturen. Es sortiert Dinge gerne in Gruppen ein, da es sie sich so leichter merken kann.

Natürlicher Gedankengang
Wenn Sie an einen Begriff denken, dann meistens nicht an diesen allein! In der Regel haben Sie, wie auf einer Gedanken-Landkarte (Mind-Map), verwandte Dinge vor Augen.

Wortfelder statt Listen
Auch Wörter lassen sich in thematisch zusammenhängenden Gruppen viel einfacher lernen und merken als in umfangreichen Listen.

Deshalb finden Sie nach jeder Geschichte eine **Mind-Map**, die das zentrale Thema der Geschichte in Form von Vokabeln aufgreift und weiterführt. Hier begegnen Ihnen die rot markierten Wörter aus den Geschichten wieder und viele weitere. Sie sind thematisch gruppiert und liebevoll illustriert.

Viel Spaß & Erfolg beim Entdecken wünscht Ihnen die PONS-Redaktion

INHALT

1. L'appartement de Pierre 8
   MIND-MAP: la location 12

2. Le monde de Suzanne 14
   MIND-MAP: à une autre époque 18

3. Les trois règles 20
   MIND-MAP: la remise en forme 24

4. La blessure et le penalty 26
   MIND-MAP: les blessures 30

5. L'histoire du bois perdu 32
   MIND-MAP: l'école 36

6. La chaussure 38
   MIND-MAP: les souvenirs 42

7. La fête des mères 44
   MIND-MAP: faire une fête 48

8. Une place à Roland-Garros 50
   MIND-MAP: le plaisir d'offrir 54

9	Le stagiaire	56
	MIND-MAP: le monde du travail	60
10	Rendez-vous au concert	62
	MIND-MAP: donner rendez-vous	66
11	Des poules sur la route	68
	MIND-MAP: raconter un événement	72
12	Le réveillon	74
	MIND-MAP: préparer une fête	78
13	Le festival du Hellfest	80
	MIND-MAP: au concert	84
14	Trop cher !	86
	MIND-MAP: faire du shopping	90
15	Un couple trop rapide	92
	MIND-MAP: faire les courses	96
16	Mieux vaut tard que jamais	98
	MIND-MAP: le changement de vie	102
17	Le tour des fermes	104
	MIND-MAP: le tourisme responsable	108
18	Un été parfait	110
	MIND-MAP: l'entraide	114
19	Retour en Romandie	116
	MIND-MAP: le tourisme en Suisse et en Romandie	120
20	Restons cohérents !	122
	MIND-MAP: le débat sur le climat	126

L'appartement de Pierre

Sophie marche dans les rues de la ville de Bordeaux pour rendre visite à Pierre, son ami. Il est **propriétaire** [Eigentümer] d'un appartement place Saint-Michel, devant la basilique de la vieille ville.

Il veut louer son **meublé** [möblierte Wohnung] car dans cinq semaines, il part en mission humanitaire en Argentine, à Buenos Aires.

Sophie **recherche** [sucht] une **location** [(hier:) Mietwohnung] depuis deux mois sur les sites Internet, sur les **annonces** [Kleinanzeigen] des agences immobilières et dans les journaux, mais les **loyers** [Mieten] sont trop chers pour elle.

C'est une chance de connaître Pierre car son appartement est beau et confortable. Il ne veut pas vendre, mais louer à une **personne de confiance** [Vertrauensperson].

Sophie sonne au numéro huit.

– Oui ? répond Pierre à l'**interphone** [Sprechanlage].

– Bonjour Pierre, je viens pour la visite ! Est-ce que je peux entrer ?

– Salut Sophie, je t'ouvre, c'est au deuxième étage, la troisième porte à gauche.

Sophie entre dans l'immeuble bourgeois et monte l'escalier.

– Bienvenue chez toi, Sophie ! Je te présente mon appartement, il s'appelle *T3 [3-Zimmer-Wohnung] et il fait cinquante-cinq **mètres carrés** [Quadratmeter] ! dit-il en riant.

Dans l'**entrée** [Diele], Sophie pose sa veste sur le **porte-manteau** [Garderobe] et commence la visite.

– Il y a ce grand **placard** [Schrank] où je vais mettre toutes les affaires dont je n'ai pas besoin.

Au fond du couloir [Am Ende des Flurs], il y a une porte sur la droite.

– Ici, la chambre. Le **lit** [Bett] est confortable et il y a une petite lampe sur la **table** [Tisch] de nuit qui vient de mon voyage au Maroc. Elle est très utile pour lire ! Près de la porte, l'armoire de ma grand-mère et à côté une **commode** [Kommode], continue Pierre.

Ils sortent de la chambre et vont dans le **salon** [Wohnzimmer] qui fait **salle à manger** [Esszimmer].

– Veux-tu boire quelque chose ? demande Pierre.

– Si tu as du thé, je veux bien, merci.

Sophie regarde la basilique depuis la fenêtre. L'appartement est lumineux et correspond à tous les **critères** [Kriterien] de Sophie.

– Les fenêtres sont en bois et ont un **double vitrage** [Doppelverglasung].

L'appartement est bien **isolé** [isoliert] en hiver et en **tapages nocturnes** [nächtliche Ruhestörungen] en été ! dit Pierre qui met l'eau dans la **bouilloire** [Wasserkocher].

Il prépare le thé dans la **cuisine** [Küche] équipée, ouverte sur le salon.

Pierre et Sophie s'assoient sur le **canapé** [Sofa].

– Y a-t-il un chauffage au gaz ? demande Sophie.

– Non, l'installation est électrique, il y a des **radiateurs** [Heizkörper] dans toutes les pièces et un **ballon d'eau chaude** [Warmwasserboiler], lui répond Pierre.

Dans le salon, un vieux miroir est au-dessus de la cheminée près de la table et des chaises.

– Je ne te demande pas de **dépôt de garantie** [Mietkaution] ni de garant car je te fais confiance ! Le loyer est de 450€ si ça te va ?

– C'est un bon prix, je te remercie ! Ton appartement est vraiment celui que je préfère de toutes mes visites ! lui répond Sophie avec enthousiasme.

1 L'appartement de Pierre

Après le thé, la visite se termine avec la **salle de bain** [Badezimmer] et les **toilettes** [Toilette].

Avant de fermer la porte, Pierre, le visage sérieux, dit à Sophie :

– Euh… Il y a juste une chose que j'ai oubliée de te dire.

Sophie le regarde avec inquiétude et **fronce les sourcils** [runzelt die Stirn].

– Ma voisine est très gentille, mais elle apprend le violon et

c'est horrible car elle joue très mal…

– Ah oui ? C'est une mauvaise nouvelle, j'espère qu'elle ne

joue pas tous les jours…

Pierre sourit et ajoute :

– Je **plaisante** [mache Spaß] ! Ma voisine joue dans l'orchestre national

Bordeaux Aquitaine ! Elle ne joue pas souvent chez elle, mais

si tu l'entends, c'est beaucoup mieux que la radio !

* T3 steht für ‚type 3' und bezeichnet den Wohnungstyp mit der Anzahl der Haupträume. Küche und Badezimmer gehören nicht dazu.

la location
Vermietung

la cuisine
Küche

les toilettes (f.)
Toilette
(im Französischen wird immer die Pluralform verwendet)

la salle à manger
Esszimmer

les pièces
Räume

le salon
Wohnzimmer

la chambre
Schlafzimmer

la salle de bain
Badezimmer

les chaises (f.)
Stühle

la commode
Kommode

le meublé
möblierte Wohnung

le lit
Bett

la table
Tisch

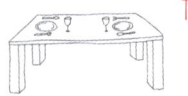

le canapé
Sofa

1 L'appartement de Pierre

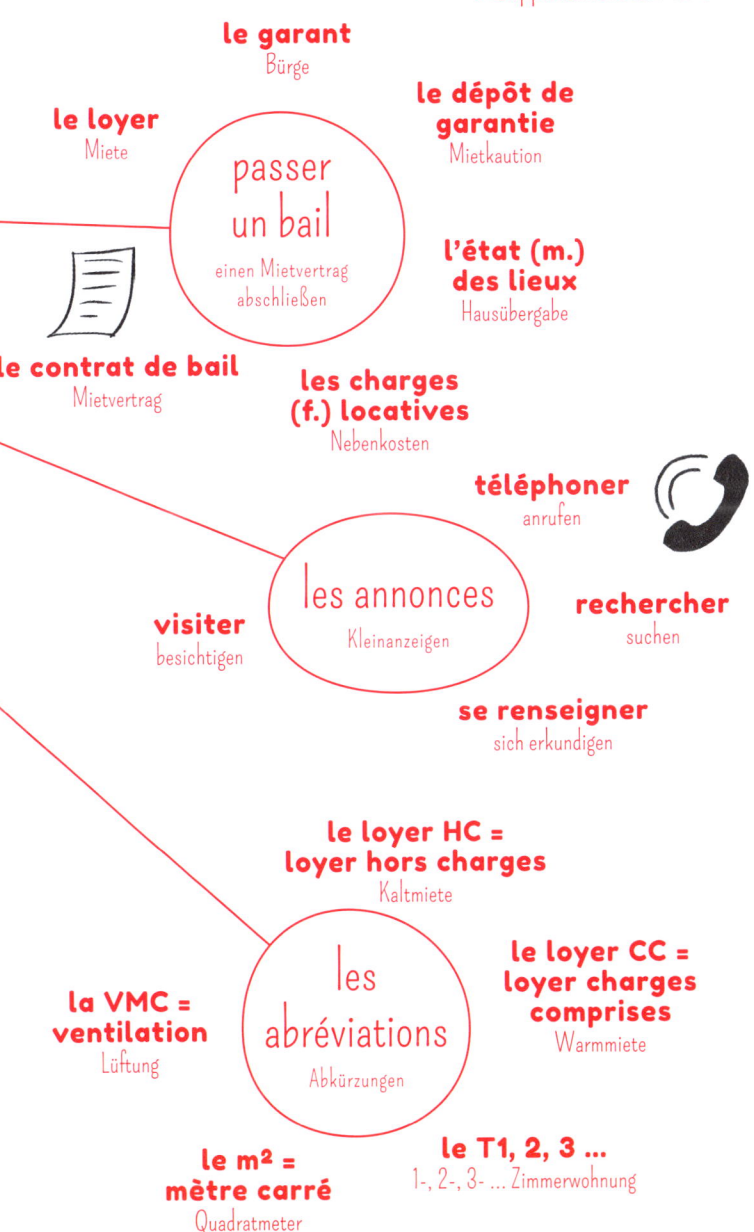

passer un bail
einen Mietvertrag abschließen

- **le garant** — Bürge
- **le dépôt de garantie** — Mietkaution
- **le loyer** — Miete
- **l'état (m.) des lieux** — Hausübergabe
- **le contrat de bail** — Mietvertrag
- **les charges (f.) locatives** — Nebenkosten

les annonces
Kleinanzeigen

- **téléphoner** — anrufen
- **rechercher** — suchen
- **visiter** — besichtigen
- **se renseigner** — sich erkundigen

les abréviations
Abkürzungen

- **le loyer HC = loyer hors charges** — Kaltmiete
- **le loyer CC = loyer charges comprises** — Warmmiete
- **la VMC = ventilation** — Lüftung
- **le m² = mètre carré** — Quadratmeter
- **le T1, 2, 3 …** — 1-, 2-, 3- … Zimmerwohnung

Le monde de Suzanne

Aujourd'hui, Suzanne déjeune avec son petit-fils Thomas.

Il a huit ans et il aime poser des questions sur le passé de sa grand-mère.

Avant le repas, il demande :

– Mamie Suzanne, peux-tu me dire comment était ta vie quand tu étais jeune ?

– Oh mon petit, la vie **dans le temps**[früher]… était plus simple et plus difficile !

– Tu avais une maison ?

– Oui, je vivais dans une petite maison de ville. Mais elles sont bien différentes maintenant. Avant, il y avait plus de jardins, moins d'immeubles et très peu de voitures dans les rues !

Thomas regarde sa grand-mère et lui demande :

– Mais comment **tu te déplaçais**[bewegtest du dich fort] ?

– Avec mes jambes, mon chéri ! Ou bien en vélo !

– Tu allais à l'école ?

– Mais bien sûr que j'allais à l'école ! Je me levais tôt, je prenais mon petit-déjeuner, mais je n'avais pas de **céréales** [Getreide], comme toi, le matin. Je buvais du lait et je mangeais du pain avec du beurre et de la confiture. Tous les **robots de cuisine** [Küchengeräte] que tu connais n'existaient pas ! Par exemple, pour griller le pain, j'utilisais une **cuisinière au charbon** [Kohleherd].

– Du charbon ? dit Thomas **étonné** [erstaunt].

– Oui, il remplaçait le gaz. C'était le métier de mon oncle : il était **charbonnier** [Kohlehändler]. Il **livrait** [lieferte] dans les maisons le charbon qui servait à faire la cuisine **à l'époque** [damals].

– Tu pouvais prendre une douche avant d'aller à l'école ?

– Ah non, mon Thomas, je me lavais dans l'**évier** [Spüle] de la cuisine ou dehors dans une **cuvette** [Waschschüssel] ! Mes parents n'avaient pas de salle de bain chez eux. Alors, ils **chauffaient** [heizten] l'eau sur la **cuisinière** [Herd] pour ne pas prendre une douche froide !

– Il y avait de l'eau ?

– Oui, il y avait de l'eau, mais pas de toilettes. Il fallait aller dans les **latrines** [Latrine] au fond du jardin.

Thomas regarde sa grand-mère et semble voir une nouvelle personne. Il demande :

- Et à l'école, c'était bien ?

- Oui, mais mon école était différente : elle n'était pas **mixte** [gemischt]. Les garçons étaient d'un côté et les filles de l'autre côté ! Et il fallait être **sage** [artig].

- Et après l'école, tu regardais des **dessins animés** [Zeichentrickfilme] ?

- Mais non, mon grand, il n'y avait pas la télévision ! Après l'école, je jouais avec mes amis ou j'aidais ma maman.

- Et que faisait ta maman ?

- Elle était **couturière** [Schneiderin] à la maison parce qu'on **ne jetait pas** [warfen nicht weg] les vêtements pour en acheter d'autres : on les **réparait** [reparierte]. Il fallait laver le linge à la main, sans machine à laver. On devait **entretenir** [pflegen] le **potager** [Gemüsegarten] et nourrir les lapins et les poules. Maman utilisait le **puits** [Brunnen] pour arroser les légumes. Et elle faisait les bonnes confitures que je mangeais au petit-déjeuner !

- Tout ça ! dit Thomas étonné.

Suzanne continue :

2 Le monde de Suzanne

– Pour faire les courses, ma maman allait chez l'**épicier**[Lebensmittelhändler], un tout petit magasin à côté de l'église.

– Tu avais un téléphone ?

– Non, j'écrivais des lettres à mes amis ou à la famille qui était loin. Il n'y avait pas de satellites dans l'espace et on ne savait pas qu'un homme marcherait un jour sur la Lune.

– Tu parles d'un autre monde alors que tu n'es pas vieille mamie !

– Tu as raison, le monde a changé. Internet n'existait pas encore !

Un téléphone portable avec une musique classique sonne.

– C'est mon téléphone, dit Suzanne. J'ai reçu un tweet de Josianne, mon amie du club de bridge. Elle est malade, alors je dois **participer**[teilnehmen] à la finale du **tournoi**[Turnier] des seniors à sa place !

Thomas regarde sa grand-mère et semble un peu **perdu**[(hier:) durcheinander] :

– Mais mamie, tu changes aussi vite que le monde !

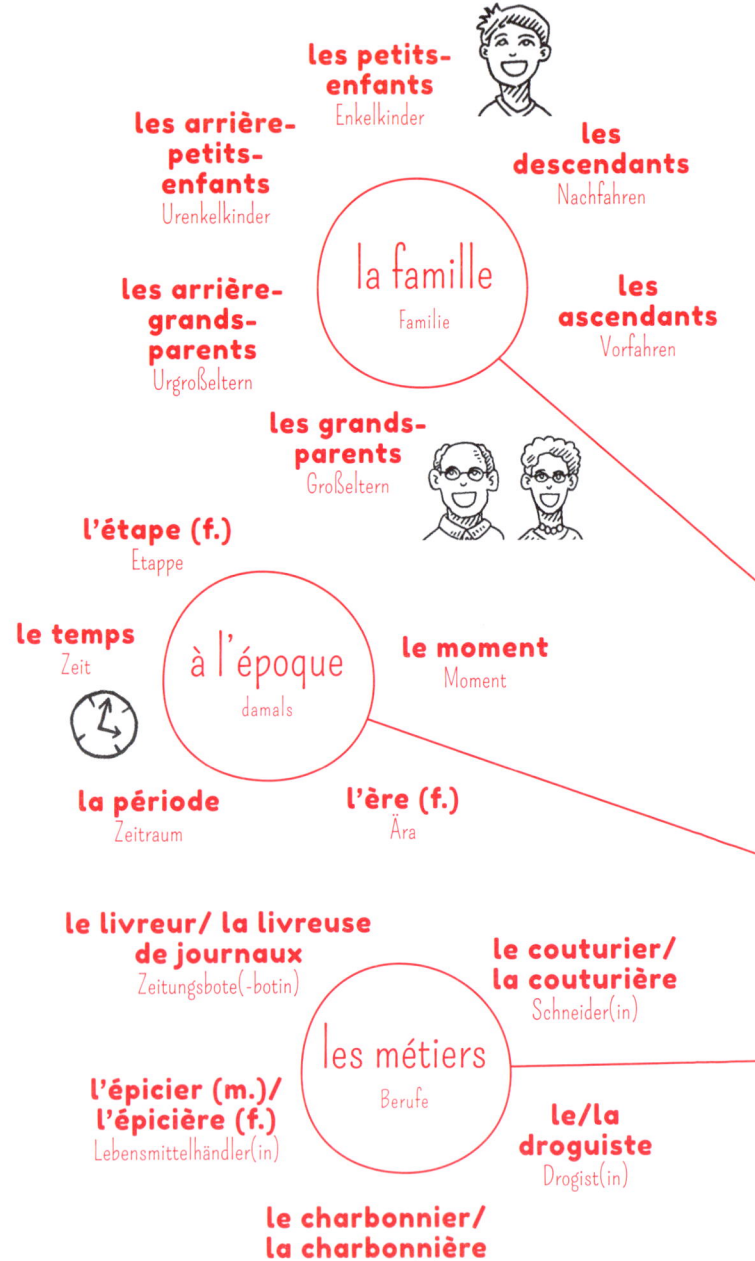

2 Le monde de Suzanne

le potager — Gemüsegarten

le clapier — Kaninchenstall

le jardin — Garten

le puits — Brunnen

l'évier (m.) — Spüle

la cheminée — Kamin

les latrines (f.) — Latrine
(im Französischen wird immer die Pluralform verwendet)

la cave — Keller

la maison — Haus

le cellier — Vorratsraum

la cuisinière au charbon — Kohleherd

à une autre époque — zu einer anderen Zeit

Les trois règles

Ludovic a quarante-cinq ans. Sa femme Joséphine **se réjouit** [freut sich]

du cadeau d'anniversaire qui va venir chez eux ce matin.

Ludovic ne fait plus de sport depuis cinq ans. Il a moins de
muscles [Muskeln] au niveau des **jambes** [Beine] et des **bras** [Arme]. Son **ventre** [Bauch] a
des **rondeurs** [Rundungen] et il a souvent mal au **dos** [Rücken].

Aujourd'hui, son cadeau sonne à la porte : c'est Grégoire,

un coach sportif, qui va lui donner des **conseils** [Tipps] pour sa
remise en forme [Fitness].

Une fois qu'ils se sont salués, Grégoire donne ses premiers

conseils :

– La règle numéro un est de faire du sport. Si tu te lèves pour

aller **courir** [rennen] au grand air ou **nager** [schwimmen] à la piscine, ta journée va

être active. Si tu **te bouges** [dich bewegst] deux fois par semaine, tu vas faire

du bien à ton **cœur** [Herz] et à ta **santé** [Gesundheit]. Tu peux trouver le temps pour le faire ?

– Oui, si je **me motive** [mich motiviere], c'est possible. Mais il faut aussi que je **me muscle** [Muskeln aufbaue].

– Dans ce cas, tu peux **t'inscrire** [dich anmelden] dans un centre de remise en forme. Tu pourras nager, courir et **faire de la musculation** [Krafttraining machen] avec des machines spécifiques : des **abdominaux** [Bauchmuskeln] aux **dorsaux** [Rückenmuskeln], tout ce que tu veux !

– Tu as une adresse à me **conseiller** [empfehlen] ?

– Le Schwarzen center est très bien, je **m'entraîne** [trainiere] là-bas.

Ludovic note l'adresse et Grégoire continue :

– La règle numéro deux est de bien **se nourrir** [sich ernähren] pour garder une bonne forme physique. Pour une **alimentation saine** [gesunde Ernährung], il faut consommer au maximum des **produits biologiques** [Bioprodukte].

Tu dois cuisiner des plats toi-même pour avoir une alimentation **naturelle** [naturbelassen], et il y en a beaucoup.

– Je suis d'accord avec toi. Nous achetons uniquement des produits bios avec Joséphine ! Tu veux boire ou manger quelque chose ? dit-il en sortant des biscuits.

– Ludovic ?

– Oui ?

– Je crois que tu n'as pas compris. Un aliment bio n'est pas **forcément** [zwangsläufig] bon pour la santé… et tes biscuits restent des biscuits !

– Ah oui, c'est vrai, dit Ludovic un peu **gêné** [verlegen].

– Et boire de l'**eau minérale** [Mineralwasser], c'est très bien. Il ne faut pas manger trop de produits laitiers, dit Grégoire en voyant les yaourts et le lait dans le frigo ouvert.

Ludovic ne répond pas. Il sait que Grégoire a raison et qu'il va devoir **se priver** [Opfer bringen].

– Il est essentiel de manger moins mais mieux, de **favoriser** [bevorzugen] la qualité à la quantité.

Ludovic sert deux verres d'eau pour être sûr de ne pas faire d'erreur.

– Et la règle numéro trois est de prendre soin de sa **santé mentale** [psychische Verfassung]. Le **cerveau** [Gehirn] est comme les muscles, si tu ne le **stimules** [stimulierst] pas, il y a danger. Il faut donc nourrir ton cerveau avec la lecture, la culture et les jeux de réflexion.

– Très bien, je joue aux échecs avec mes fils et j'aime lire.

3 Les trois règles

Après une heure de discussion et beaucoup de conseils, Grégoire s'en va.

Ludovic ferme la porte et se dit :

– C'est décidé, je **me prends en main** [packe meine Probleme an] ! **Il y en a marre** [Es reicht jetzt] de manger **n'importe quoi** [irgendetwas], de **grossir** [zuzunehmen]. Je vais faire du sport deux fois par semaine ! Tu vas voir Grégoire, dans six mois, tu vas m'appeler Arnold au Schwarzen center !

Son téléphone se met à sonner.

– Oui ? répond Ludovic.

C'est Henri, son meilleur copain.

– Salut Ludo ! Je suis avec Yann. On profite du soleil avec une petite bière au Babar bar. Tu viens ?

– Oui, avec plaisir ! J'arrive tout de suite.

Ludovic se regarde dans le miroir de l'entrée avant de partir.

– Allez, une dernière soirée et je commence ma remise en forme demain !

les verbes pronominaux
Reflexivverben

se motiver — sich motivieren

se muscler — Muskeln aufbauen

se dépasser — sich übertreffen

(se) bouger — sich bewegen

se dépenser — sich (körperlich) verausgaben

se stimuler — sich stimulieren

s'entraîner — trainieren

l'alimentation saine
gesunde Ernährung

naturel/naturelle — naturbelassen

le fruit — Obst

l'eau minérale (f.) — Mineralwasser

le produit biologique — Bioprodukt

 **le légume** — Gemüse

faire du sport
Sport treiben

courir — rennen

transpirer — schwitzen

sauter — springen

nager — schwimmen

suer — (leicht) schwitzen

souffler — ausatmen

3 Les trois règles

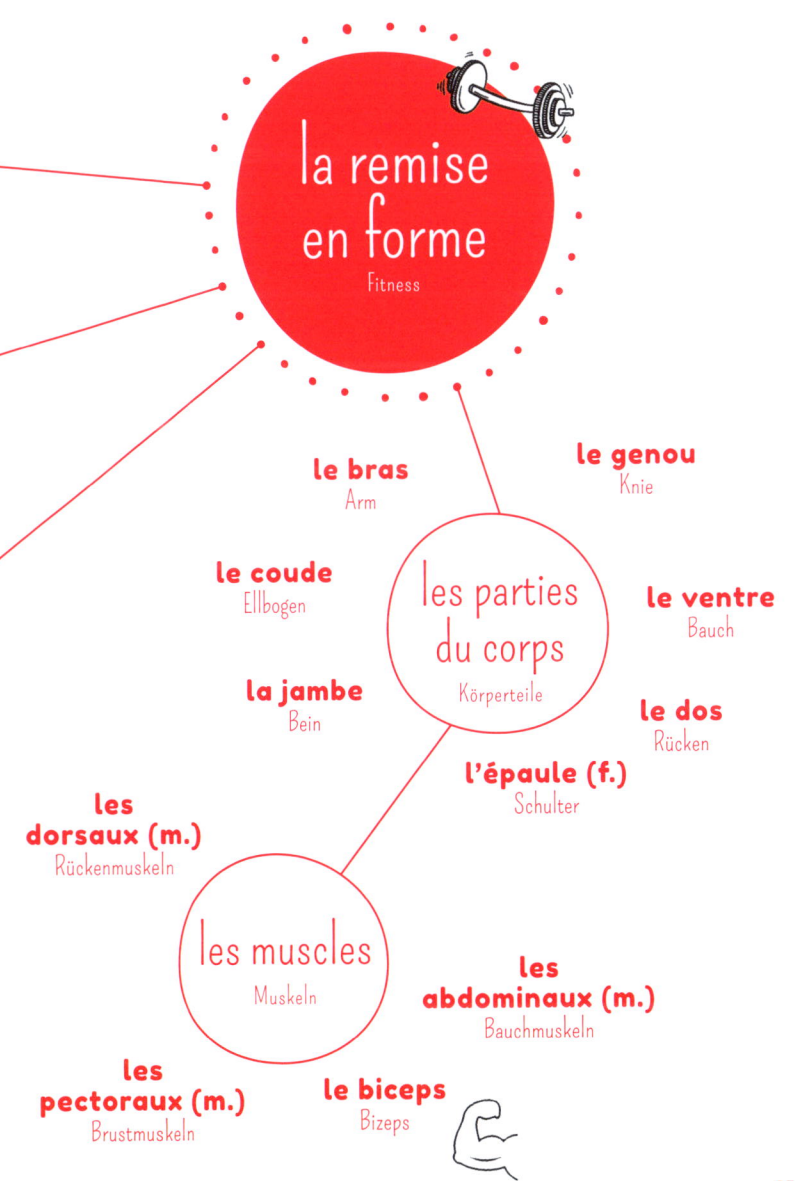

la remise en forme
Fitness

les parties du corps
Körperteile

- **le bras** — Arm
- **le genou** — Knie
- **le coude** — Ellbogen
- **le ventre** — Bauch
- **la jambe** — Bein
- **le dos** — Rücken
- **l'épaule (f.)** — Schulter

les muscles
Muskeln

- **les dorsaux (m.)** — Rückenmuskeln
- **les abdominaux (m.)** — Bauchmuskeln
- **les pectoraux (m.)** — Brustmuskeln
- **le biceps** — Bizeps

La blessure et le penalty

Au stade municipal, c'est le **tournoi** [Turnier] de football de l'année pour tous les joueurs du club. Sébastien vient voir sa fille Charlotte et son fils Antoine qui jouent dans la même **équipe** [Mannschaft], ils sont en finale !

– Faites-les courir après le ballon ! crie l'**entraîneur** [Trainer] pour motiver ses joueurs.

Le match commence, les équipes jouent et, après vingt minutes, Antoine tombe et **se cogne** [stößt sich an] au **poteau** [Pfosten]. Sébastien court vers son fils.

– Il a du **sang** [Blut] sur le **front** [Stirn], dit Charlotte à son père qui regarde son fils **geindre** [wimmern].

– Ne le touchez pas ! Nous devons voir un médecin, dit Sébastien.
– J'ai mal, papa, **grimace** [verzieht das Gesicht] Antoine.

On vient chercher Antoine sur une **civière** [Trage]. Sébastien reste près de lui. Il quitte le terrain et le médecin du tournoi **reçoit** [empfängt] le garçon.

– Mon fils **saigne** [blutet] à la tête. Il est tombé contre le **poteau des buts** [Torpfosten].

– Ne vous inquiétez pas, je vais **ausculter** [untersuchen] votre fils.

Il regarde le visage d'Antoine et dit :

– Tu as mal à la tête ?

– Non, c'est juste que ça **brûle** [brennt].

– D'accord. C'est **bénin** [harmlos], il n'y a pas besoin de **points de suture** [Stiche].

– Ça fait mal !

– Oui, mais c'est seulement une belle **égratignure** [Kratzer]. Je vais utiliser ce **désinfectant** [Desinfektionsmittel].

– **Aïe !** [Aua!]

– Sois fort, ça ne va pas durer longtemps, dit l'homme en **blouse** [Kittel] blanche.

– Laisse-toi faire mon bonhomme, tout va bien se passer, ajoute Sébastien.

– Tu as mal **autre part** [woanders] ?

– Oui, à la **cheville** [Knöchel], répond Antoine.

– Je vais regarder. **Enlève** [Zieh aus] tes chaussures et tes chaussettes, s'il te plaît.

– Je ne peux pas, j'ai trop mal !

– Laisse-moi faire, Antoine. Je vais t'aider, dit Sébastien.

Il enlève la chaussure et le médecin commence à toucher son pied.

– Ça te fait mal quand j'**appuie** ?

– Oui.

– Tu **t'es tordu** la cheville en tombant et tu as une **entorse**. Ce n'est pas trop **grave**.

– J'espère que l'**arbitre** a **sifflé** un penalty, ajoute Antoine avec la **déception** de ne pas pouvoir jouer la finale.

Le médecin fait un **bandage** sur la cheville d'Antoine.

– Je vais mettre des **glaçons** dans ce sac et tu vas le poser sur ta cheville. **Repose-toi** quelques jours sans appuyer sur ton pied.

Il regarde Sébastien :

– Allez à la **pharmacie** avec cette **ordonnance** pour pouvoir faire d'autres bandages à la maison et soigner ces petites **blessures**.

Sébastien et Antoine partent en voiture acheter les médicaments.

– Voici la **pommade**, dit la pharmacienne. Vous **massez**

4 La blessure et le penalty

la cheville et vous serrez le bandage avec le **sparadrad** (Verbandspflaster).

Faites-le pendant quatre jours et votre fils pourra bientôt courir !

Antoine sourit. Il a moins mal avec les glaçons.

La pharmacienne continue.

– Voici un sac de **coton** (Wattebausch) et un spray désinfectant pour le front.

– Est-ce que je peux avoir un **antidouleur** (Schmerzmittel) ? demande Sébastien.

– Bien sûr, pas plus d'un **cachet** (Tablette) toutes les six heures,

précise-t-elle.

Ils sortent de la pharmacie et rentrent à la maison.

– Mais tu es blessé ? dit Marlise, la maman d'Antoine.

– Oui, un joueur a fait une faute, je suis tombé et je me suis

cogné au poteau des buts.

– Oh mon pauvre, tu dois **souffrir** (leiden). Mais où est Charlotte ?

demande Marlise.

– Ah, **mince !** (Mist!) Elle est toute seule au tournoi. Je vais la chercher,

répond Sébastien.

Une heure plus tard, Charlotte revient et dit à Antoine avec un

beau sourire :

– Grâce à ta blessure, j'ai **marqué** ((hier:) geschossen) le seul but du match, sur penalty !

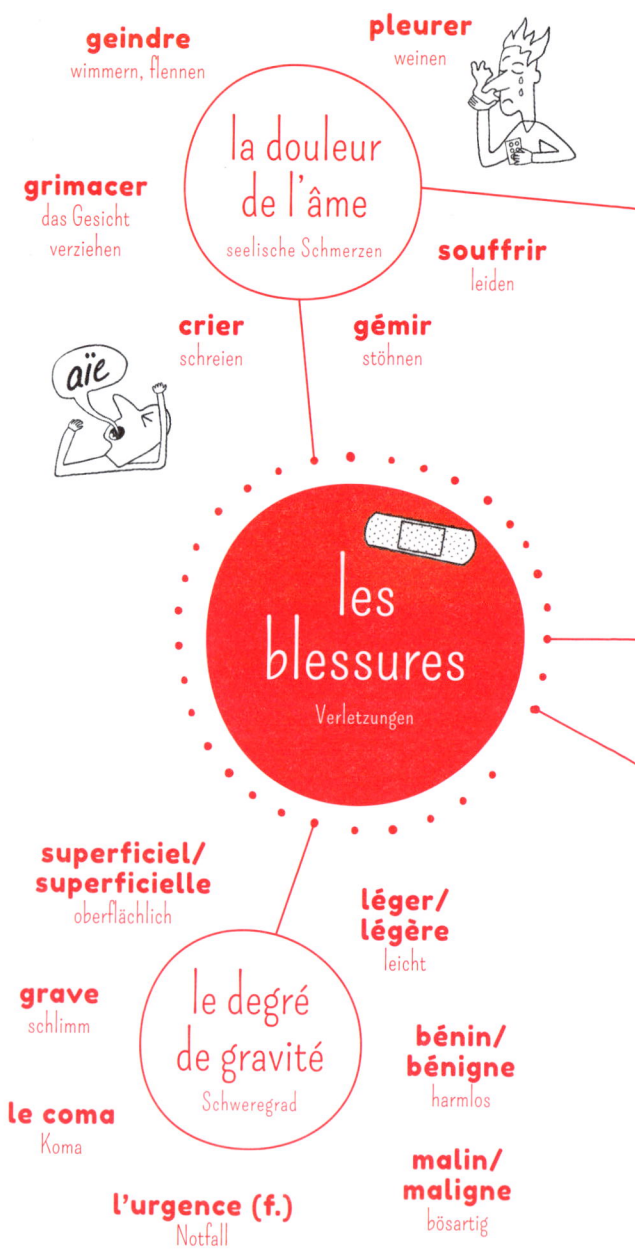

les blessures
Verletzungen

la douleur de l'âme
seelische Schmerzen

- **geindre** — wimmern, flennen
- **pleurer** — weinen
- **grimacer** — das Gesicht verziehen
- **souffrir** — leiden
- **crier** — schreien
- **gémir** — stöhnen

aïe

le degré de gravité
Schweregrad

- **superficiel/superficielle** — oberflächlich
- **léger/légère** — leicht
- **grave** — schlimm
- **bénin/bénigne** — harmlos
- **le coma** — Koma
- **malin/maligne** — bösartig
- **l'urgence (f.)** — Notfall

4 La blessure et le penalty

L'histoire du bois perdu

Sophie est assise à la terrasse d'un café. Elle boit une **menthe** à (Pfefferminzsirup) l'eau et attend une ancienne amie d'enfance qu'elle a retrouvée sur un site Internet.

– Salut Sophie ! dit une grande femme blonde aux yeux bleus.

– Laurence ! Ça fait **tellement** (so) longtemps !

Les deux amies sont heureuses de se voir. Elles parlent de leur vie, prennent des nouvelles car elles ne se sont pas vues depuis vingt ans.

– Tu te souviens, à l'**école élémentaire** (Grundschule), quand Monsieur Martin nous **punissait** (bestrafte) parce qu'on parlait trop !

– Oh ! C'est vrai, il nous appelait « **les pipelettes** » (die Tratschtanten) ! Nous étions dans la même **classe** (Klasse) en ***CE1** (2. Klasse) et en **CE2** (3. Klasse), c'est bien cela ? ajoute Laurence.

– Oui, nous avons passé deux années ensemble, puis j'ai quitté l'école et la vie tranquile de la campagne pour Dijon où mon

papa est parti **travailler**. [arbeiten]

Laurence boit son café et Sophie continue :

- Oui, et après tu étais avec l'**institutrice** [Grundschullehrerin] qui avait un nom

difficile à **porter** [tragen] ?

- Ah oui, c'est vrai, j'étais dans la classe de Madame **Saucisse** [Würstchen],

la pauvre ! Elle était très douce, mais nous étions tellement

méchants [fies]... Tu sais, je vais te raconter une histoire incroyable

qui s'est passée l'année de ton départ.

- Ah bon ? répond Sophie.

- Oui, c'était un jour dans la **cour de récréation** [Pausenhof]. Nous

jouions à **cache-cache** [Verstecken] avec Arthur... Tu sais, le **beau gosse** [hübscher Kerl]

de l'école dont toutes les filles étaient amoureuses !

- Je me souviens bien, le joli blond, dit Sophie avec un sourire.

- Nous étions avec les autres enfants quand nous avons

découvert un **trou** [Loch] dans la **clôture** [Zaun] qui allait vers le **bois** [Wäldchen].

Nous sommes passés de l'autre côté sans nous faire voir.

- Mais où êtes-vous allés ? demande Sophie.

- Nous avons couru dans le bois pour être sûrs de ne pas nous

erwischen zu lassen
faire prendre. Mais après dix ou quinze minutes environ, nous étions perdus. Il faisait de plus en plus sombre et un orage a
ausgebrochen *Blitz*
éclaté. La **foudre** est tombée tout près de nous, nous avons
sich spalten *gebebt*
vu un arbre **se fendre** en deux et la terre a **tremblé** ! Arthur
weinte
pleurait et moi, j'avais terriblement peur. Nous avions froid et
Regen
la **pluie** était de plus en plus forte.

haben sich keine Sorgen gemacht
– Mais à l'école, ils **ne se sont pas inquiétés** ? demande Sophie.

– Bien sûr que oui ! Madame Saucisse a *gemeldet* **signalé** notre
Verschwinden *vermutete*
disparition à la police qui **se doutait** que nous étions dans le bois, tout proche du village.

– Que s'est-il passé ensuite ?

– Oh là là ! La police nous a cherchés et ils nous ont trouvés après deux heures de recherches.

– Ton histoire est vraiment incroyable ! Tu as dû te faire
schimpfen
gronder par tes parents…

Bestrafung
– La **punition** de ma vie ! Je n'ai pas joué avec mes amies
gelernt *Lektionen*
pendant un mois et j'ai **appris** mes **leçons** comme jamais.

J'étais la meilleure de la classe !

5 L'histoire du bois perdu

Les deux amies parlent de leurs souvenirs d'enfance, comme si le temps n'avait rien changé entre elles.

– Est-ce que tu voudrais dîner à la maison ce soir ? demande Laurence.

– Oui, avec plaisir, je peux venir avec mon compagnon ?

– Bien sûr. Je pourrai te présenter Clément, mon mari, et notre fille Léa qui a cinq ans. Comment s'appelle ton homme ?

Laurence regarde Sophie et dit avec un sourire :

– Il s'appelle Arthur.

– Vous êtes restés ensemble depuis l'histoire du bois perdu ? demande Sophie surprise.

– Non, ce n'est pas l'Arthur de l'école, mais un autre Arthur que j'ai rencontré en ****classe prépa** _(Vorbereitungsklasse)_, il est aussi beau et en plus, lui, il a un très bon **sens de l'orientation** _(Orientierungssinn)_ !

---

*   In Frankreich dauert die Grundschulzeit 5 Jahre. Die Schuljahre heißen CP (cours préparatoire), CE 1, CE 2 (cours élémentaire 1, 2), CM 1, CM 2 (cours moyen 1, 2).

** Die ‚classe prépa' oder ‚classe préparatoire' ist eine zweijährige Klasse nach dem Abitur, die auf die schwierige Zulassung an den privaten Elitenhochschulen vorbereitet.

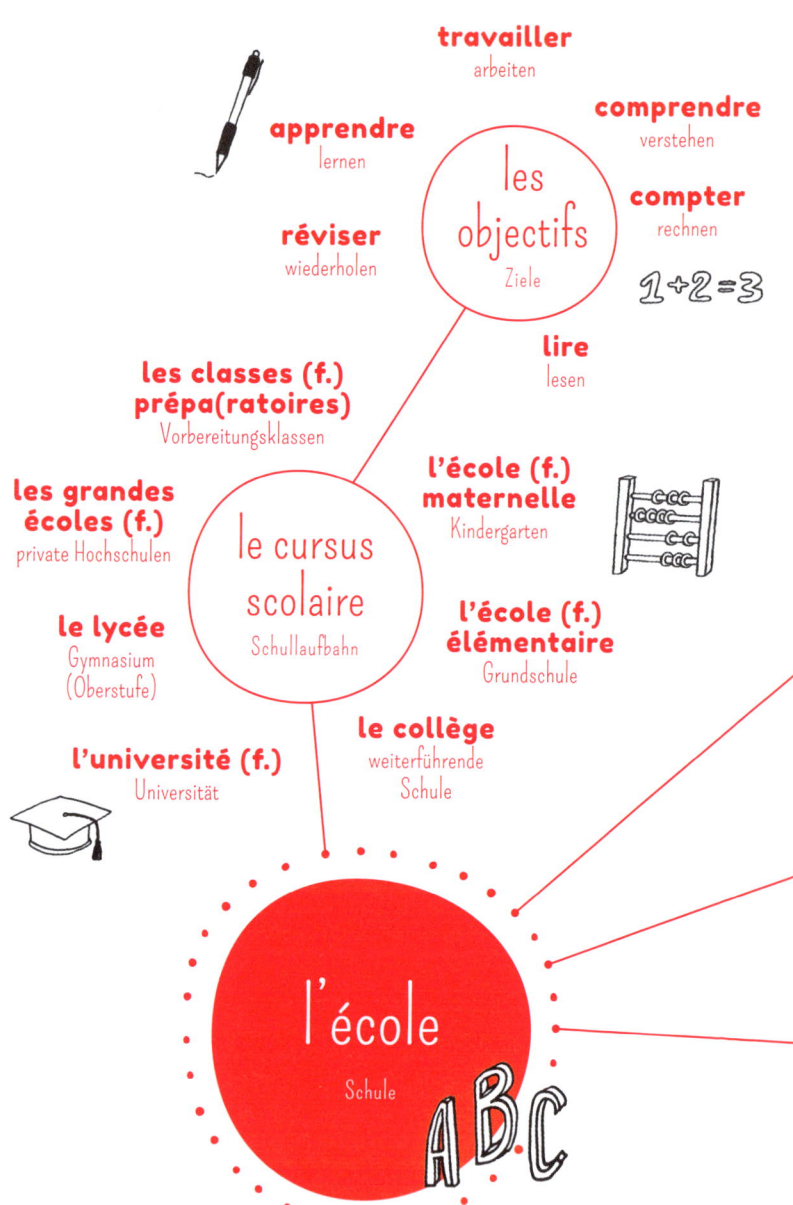

5 L'histoire du bois perdu

les métiers
Berufe

l'auxiliaire (m./f.) de vie scolaire (AVS)
Sonderpädagogische Fachkraft

l'instituteur (m.)/ l'institutrice (f.)
Grundschullehrer(in)

le/la prof
Lehrer(in)

le professeur/ la professeure des écoles
Grundschullehrer(in)

le directeur/ la directrice
Schuldirektor(in)

les lieux
Orte

le gymnase
Turnhalle

le préau
überdachter Pausenhof

la classe
Klassenzimmer, Klasse

la cantine
Mensa

la garderie
Nachmittagsbetreuung

la cour de récréation
Pausenhof

les jeux
Spiele

le cache-cache
Versteckspiel

le jeu du foulard
blinde Kuh

un deux trois soleil
Donner, Wetter, Blitz

la marelle
Himmel und Hölle

sauter à la corde
Seilspringen

le jeu de billes
Murmelspiel

La chaussure

Frédéric veut acheter de nouvelles chaussures à sa femme Laura. Il demande à la sœur de son **épouse**[Ehefrau], Pauline, de l'aider.

Quand ils arrivent devant le magasin, Pauline ne voit pas que la grande porte d'entrée **vitrée**[verglast] est fermée et se cogne la tête.

Heureusement, elle ne se fait pas mal. Mais tous les clients la regardent avec un grand sourire. Même Frédéric **se moque**[macht sich lustig] d'elle. **Vexée**[Beleidigt], elle fait des **reproches**[Vorwürfe] à son beau-frère :

– Tu trouves ça drôle ?

Sans s'arrêter de rire, Frédéric **tente de la rassurer**[versucht sie zu beruhigen] :

– Un **moment**[Augenblick] de **honte**[Scham] est vite passé et…

Pauline l'**interrompt**[unterbricht] :

– Tu rirais moins si tout le monde se moquait de toi…

– **Ça arrive à tout le monde**[Das passiert jedem mal], lui répond Frédéric.

– Ça t'est déjà arrivé ? demande Pauline.

– Bien sûr. Veux-tu que je te **raconte** [erzähle] la plus grande honte de ma vie ? lui propose-t-il.

Pauline accepte et Frédéric commence son histoire :

– À l'époque, il y a déjà vingt ans, j'étais encore au lycée. C'était la **fin** [Ende] de **journée** [Tag] et j'attendais le bus pour rentrer chez moi. À l'arrêt de bus, il y avait **beaucoup de monde** [viele Leute], mais je **me rappelle** [erinnere mich] surtout d'une fille que je trouvais très belle.

Le bus est arrivé. J'y suis monté, mais il y avait beaucoup de monde **à l'intérieur** [drinnen]. Alors, j'étais **plaqué** [gepresst] contre la porte du bus. Juste à côté de moi, il y avait cette jolie fille. C'était l'**occasion** [Gelegenheit] de lui parler, mais j'étais très **timide** [schüchtern]. Je n'ai pas **osé** [gewagt].

Le bus est arrivé à l'arrêt suivant. La porte a commencé à s'ouvrir, mais mon pied l'a **bloquée** [blockiert]. **D'abord** [Zuerst], j'ai essayé d'**enlever** [wegzunehmen] mon pied, mais il était **coincé** [eingeklemmt]. **Ensuite** [Dann], j'ai **tiré** [gezogen] sur la porte avec mes mains, mais elle était coincée aussi.

Derrière moi, les gens qui voulaient sortir me poussaient. **Dehors** [Draußen], les gens voulaient monter dans le bus. J'ai donc décidé de tirer mon pied **de toutes mes forces** [mit all meiner Kraft].

Ich habe ihn endlich freibekommen
Il s'est enfin libéré. La porte s'est ouverte complètement.

Bürgersteig
Et je suis tombé sur le **trottoir**.

bricht in lautes Gelächter aus
Pauline **éclate de rire**.

– Effectivement, tu as dû avoir honte.

Frédéric reprend son histoire.

– Mais ce n'est pas le pire ! Quand je me suis relevé, j'ai regardé

zerrissen
ma chaussure. Elle était complètement **déchirée**. Mon pied

schaute hindurch
passait à travers. Autour de moi, tout le monde riait : les

gens du bus, les gens sur le trottoir… Mais ce n'était pas ça qui

mich ärgerte
m'embêtait le plus.

Pauline s'étonne :

– Ah bon ? Qu'est-ce qui t'embêtait le plus ?

erahnst *empfand*
– Tu ne **devines** pas ? Je **ressentais** la plus grande honte de

ma vie devant la fille la plus jolie du monde, lui répond Frédéric.

– Ah oui, j'avais oublié cette fille. A-t-elle beaucoup ri de ta

Missgeschick
mésaventure ?

Augenblick
Frédéric s'arrête un **instant** de parler. Il sourit car il se rappelle

Ereignis
cet **événement** comme si c'était hier. Puis il reprend :

– Je n'osais pas la regarder car j'étais sûr qu'elle se moquait de moi. Pourtant, à la fin, quand tout le monde est parti, elle a été la seule à rester près de moi. Elle m'a souri, et ce n'était pas un sourire moqueur...

– Laisse-moi deviner la suite, l'interrompt Pauline. Elle est devenue ta petite copine.

– Exactement, confirme Frédéric. Et, depuis ce jour-là, je suis restée avec elle.

Pauline regarde Frédéric d'un air **surpris**. [überrascht]

– Eh oui, Pauline ! Cette fille, c'est Laura, ta sœur ! Et chaque année, pour fêter l'**anniversaire** [Jahrestag] de notre rencontre, nous nous offrons de nouvelles chaussures !

le déroulement d'une histoire
Verlauf einer Geschichte

- **l'introduction (f.)** — Einleitung
- **le commencement** — Beginn
- **le début** — Anfang
- **le dénouement** — Ausgang
- **la conclusion** — Schluss
- **la fin** — Ende

raconter
erzählen

- **se souvenir** — sich erinnern
- **évoquer** — erwähnen
- **se remémorer** — sich ins Gedächtnis zurückrufen
- **se rappeler** — sich erinnern

l'histoire
Geschichte

- **l'événement (m.)** — Ereignis
- **l'aventure (f.)** — Abenteuer
- **le récit** — Erzählung
- **l'instant (m.)** — Augenblick
- **l'anecdote (f.)** — Anekdote

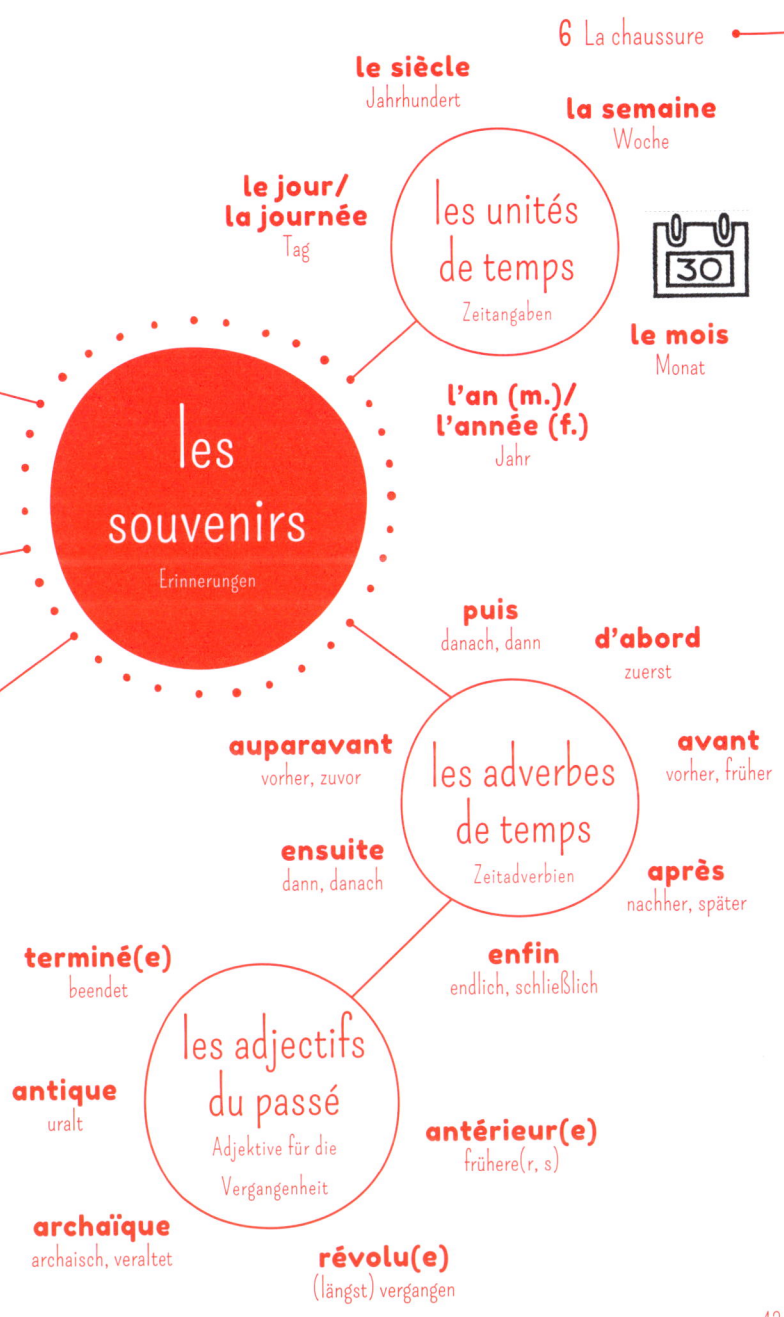

La fête des mères

– C'est d'accord, papa. Au revoir.

Antoine **raccroche** le téléphone. **À ce moment-là**, Juliette, son épouse, revient à la maison. Antoine **est content** car il a **quelque chose d'important** à lui dire. Mais Juliette est la première à parler :

– Antoine, j'ai quelque chose d'important à te dire.

– Quelle **coïncidence** ! Moi aussi !

– Ah… Que veux-tu me dire ? demande Juliette.

– Toi d'abord, je t'en prie.

– D'accord ! Mes parents nous invitent pour la **fête des mères** dimanche prochain.

Gêné, Antoine répond à sa femme :

– Mince ! Je viens de parler à papa au téléphone, il nous **invite** aussi pour la fête des mères.

S'il avait su, il aurait dû attendre avant de dire oui à son père.

Comment faire ? Juliette ne se pose pas de question et dit :

– J'ai déjà accepté leur invitation. Donc, tu peux rappeler ton père pour lui dire que nous n'irons pas chez eux.

Antoine aimerait que Juliette se montre moins **autoritaire**. [herrisch]

Il lui répond d'une manière **vive** : [lebhaft]

– Et pourquoi je **refuserais** l'invitation de mes parents ? [würde ablehnen]

Moi aussi, j'ai déjà dit oui à mon père, et je **préférerais** faire [würde bevorzugen] la fête des mères chez mes parents cette année.

Antoine se souvient que, l'année dernière, ils étaient déjà allés chez les parents de Juliette. **Agacée** [Genervt], son épouse lui répond :

– Ma mère a acheté un **rôti** [Braten] pour le **repas** [Essen]. Et je lui ai déjà proposé de **préparer** [backen] un gâteau pour le **dessert** [Nachtisch]. Nous irons chez mes parents. C'est décidé !

Le **ton** [Ton] monte. Ambre, la fille d'Antoine et Juliette, est sortie de sa chambre car elle a entendu la **dispute** [Streit]. Elle tente d'**intervenir** [das Wort zu ergreifen] :

– J'ai une idée…

– Ambre, s'il te plaît, ce n'est pas le moment, je parle avec ta mère.

Antoine se tourne vers Juliette.

– Mon père a **pêché** [geangelt] un gros poisson. Il veut le cuisiner pour le repas de dimanche. Et je lui ai promis d'apporter une bonne bouteille de vin blanc. On ira donc chez mes parents.

– C'est non ! **insiste** [beharrt] Juliette.

Devant ses parents **en colère** [wütend], Ambre essaie de parler **à nouveau** [wieder] :

– Je vous ai dit que j'avais une idée...

– Pas maintenant, Ambre, l'**interrompt** [unterbricht] sa mère.

Antoine reprend la parole :

– Si nous étions allés chez mes parents l'année dernière, j'**accepterais** [würde akzeptieren] d'aller chez les tiens cette année. Mais ce n'est pas le cas. Nous irons donc chez mes parents.

– **Hors de question** [Kommt nicht in Frage], **réplique** [erwidert] Juliette. Toi et tes parents, vous vous voyez un week-end sur deux. Moi, je vois mes parents seulement quatre fois par an.

– Écoutez-moi... intervient encore Ambre.

– Attends, Ambre ! ordonne Antoine, qui s'adresse à nouveau à Juliette. Quatre fois par an, en effet. À Noël, à Pâques, à la fête des mères et le *14-Juillet. Nous passons tous les moments

7 La fête des mères

importants de l'année avec tes parents !

Juliette veut répondre, mais Ambre se met très en colère.

– JE VEUX PARLER !

Juliette et Antoine **se taisent** [schweigen]. Ambre prend enfin la parole.

– Vous devriez inviter mes deux papis et mes deux mamies chez nous dimanche prochain. Toi, maman, avec mamie Denise et papi Henri, vous prépareriez le rôti et le dessert. Toi, papa, avec mamie Hélène et papi Joseph, vous cuisineriez le poisson en **entrée** [Vorspeise]. Et moi, je **recevrais** [würde bekommen] plein de **cadeaux** [Geschenke].

– C'est une très bonne idée, Ambre. Mais tu fais une petite **erreur** [Missverständnis]. Dimanche prochain, c'est la fête des mères, pas la fête des filles. C'est donc toi qui dois m'**offrir** [schenken] plein de cadeaux.

Puis Juliette s'adresse à Antoine :

– Qu'en penses-tu ?

– Je crois qu'Ambre a trouvé la solution à notre problème.

Antoine et Juliette **embrassent** [geben ein Küsschen] leur fille. Ils inviteront leurs parents **respectifs** [jeweilig]. **Heureuse** [Glücklich], Ambre a une dernière question :

– Qu'est-ce qu'on fait pour la **fête des pères** [Vatertag] ?

* Der 14. Juli ist der französische Nationalfeiertag. Er erinnert an den Sturm auf die Bastille und wird im ganzen Land mit Feierlichkeiten begangen.

7 La fête des mères

les sentiments — Gefühle

- **content(e)** — froh
- **joyeux/joyeuse** — fröhlich
- **heureux/heureuse** — glücklich
- **amusé(e)** — amüsiert
- **gai(e)** — fröhlich

être content(e) — sich freuen

inviter — einladen

- **recevoir** — bekommen
- **accueillir** — empfangen
- **offrir** — schenken
- **convier** — einladen
- **décorer** — dekorieren

la fête — Feier, Fest, Party

- **la soirée** — Abendgesellschaft
- **les festivités (f.)** — Festlichkeiten
- **la réception** — Empfang
- **la fiesta** — Fiesta
- **la célébration** — Feier
- **la cérémonie** — Zeremonie

Une place à Roland-Garros

Quand Mathieu ouvre sa **boîte aux lettres**, il est pris d'un
vertige. Il n'est pas encore tout à fait **guéri** de la grippe.
Mais il **se sent mieux** et ne va pas rester toute la journée au lit.

Dans la boîte aux lettres, il n'y a qu'une **enveloppe**. Il la prend

dans ses mains. Elle est orange, avec des lignes vertes. Qui lui

a écrit ? Mathieu a une petite idée.

Mathieu **s'installe** à la table de son salon et ouvre l'enveloppe.

C'est son meilleur ami, Nicolas, qui lui écrit. Mathieu a **deviné**

que c'était lui car les couleurs de l'enveloppe sont celles du

tournoi de tennis de Roland-Garros. Or, Mathieu a **offert** à

Nicolas pour son anniversaire une **place** pour aller voir la finale

entre Federer et Nadal. Normalement, il devait y aller avec lui,

mais la grippe l'a **cloué au lit** pendant une semaine.

Dans l'enveloppe, il y a une autre enveloppe, plus petite, et une

Karte
carte. Mathieu commence à lire.

Cher Mathieu,

*Laisse-moi t'***exprimer ma gratitude** (*meine Dankbarkeit ausdrücken*). *La place pour la grande finale de Roland-Garros entre Roger Federer et Rafaël Nadal est* **le meilleur** (*das beste*) *cadeau de ma vie. Je te suis donc très* **reconnaissant** (*dankbar*).

Quel dommage (*Wie schade*) *que la grippe ne t'a pas* **permis** (*erlaubt*) *de m'***accompagner** (*begleiten*) *! Je sais que tu adores Nadal. J'espère que tu vas mieux.*

La match entre les deux grands champions était **grandiose** (*grandios*)*, mais tu le sais déjà car je suis sûr que tu as regardé la finale à la télévision. En revanche, tu ne sais pas que j'ai fait une rencontre* **incroyable** (*unglaublich*)*. Comme tu n'as pas pu venir, il me restait ton* **billet** (*Eintrittskarte*)*. Je pouvais le revendre à l'entrée du* **stade** (*Stadion*)*. C'est* **interdit** (*verboten*)*, mais tous les gens le font car les billets se revendent* **très** (*sehr*) *cher au* **marché noir** (*Schwarzmarkt*)*. Moi, je voulais donner ton billet à quelqu'un qui serait très heureux de voir le match. Je l'ai donc offert à un adolescent espagnol qui criait : « Nadal ! Nadal ! » Il* **n'en croyait pas ses yeux** (*traute seinen Augen nicht*)*. Il m'a* **remercié** (*bedankt*) *longtemps. Il était* **trop** (*zu*) *gentil. Il s'appelait Gabriel.*

*Dans la **tribune**, il était juste à côté moi. Pendant le dernier set,*

*Nadal a frappé **si** fort une balle qu'elle est allée dans le public.*

Et Gabriel l'a reçue sur la tête. Il a eu très mal. Nadal est allé le voir

*et lui a **présenté ses excuses**. Tous les spectateurs et toutes*

les spectatrices le regardaient.

*Mais le moment **le plus incroyable**, c'était à la fin du match.*

*Nadal a encore gagné Roland-Garros. Avant de **recevoir** sa coupe,*

il est retourné voir Gabriel et a fait un autographe sur une balle de

*tennis. L'adolescent était **ravi**. Il a sorti aussitôt une photo de Rafael*

Nadal, et le champion a signé aussi la photo. Ensuite, Roger Federer

*est arrivé **à son tour** et a signé la balle et la photo.*

*Gabriel était **tellement** content que, pour me remercier, il m'a*

donné la photo avec les autographes et il a gardé la balle de tennis.

Incroyable, non ?

Je te raconterai cette journée quand nous allons nous revoir, le

*week-end prochain, j'espère. D'ici, **repose-toi** bien.*

Je te remercie encore pour ce cadeau d'anniversaire. Rien ne pouvait

*me **faire plus plaisir**.*

Ton meilleur ami, Nicolas

8 Une place à Roland-Garros

Mathieu repose la carte et se demande si Nicolas n'a pas trop
exagéré[übertrieben]. Quand Nadal a gagné contre Federer, il ne devait pas

penser à ce garçon espagnol, mais à sa victoire.

Mathieu prend ensuite la petite enveloppe. Il l'ouvre. Il y a une

feuille pliée en deux avec quelques mots écrits dessus :

Tu m'as fait un très grand plaisir en m'offrant cette place pour la

finale de Roland-Garros. Pour te remercier, je t'offre cette petite
surprise[Überraschung].

Nicolas

Mathieu déplie la feuille et découvre… la photo de Nadal avec

sa signature et celle de Federer !

exprimer sa gratitude
seine Dankbarkeit ausdrücken

- **reconnaissant(e)** — dankbar
- **remercier quelqu'un** — sich bei jdm. bedanken
- **savoir gré** — dankbar sein
- **rendre grâce** — danken
- **dire merci** — sich bedanken, danke sagen

le cadeau
Geschenk

- **la surprise** — Überraschung
- **l'offrande (f.)** — Almosen
- **le présent** — Geschenk
- **le don** — Spende
- **les étrennes (f.)** — Geldgeschenk (im Französischen wird immer die Pluralform verwendet)

échanger
austauschen

- **donner** — geben
- **recevoir** — erhalten
- **partager** — teilen
- **offrir** — schenken
- **faire plaisir** — eine Freude bereiten

8 Une place à Roland-Garros

le plaisir d'offrir
Freude am Schenken

quelques adverbes
ein paar Adverbien

- **si** — so
- **vraiment** — wirklich
- **trop** — zu
- **peu** — wenig
- **assez** — genug
- **très** — sehr
- **tellement** — so

les superlatifs
Superlative

- **le moins** — am wenigsten
- **le plus** — am meisten
- **le meilleur / la meilleure** — der/die/das Beste
- **le/la pire** — der/die/das Schlimmste
- **pire** — schlimmsten

Le stagiaire

Pour son **stage** [Praktikum] en **milieu professionnel** [Arbeitswelt], Thomas a choisi d'accompagner sa mère, Nadine, dans son **entreprise** [Unternehmen].

Nadine est journaliste sportive dans un **quotidien** [Tageszeitung] local.

Thomas entre dans la grande salle de rédaction. Il y a beaucoup de personnes. **Certains** [Manche] écrivent des **articles** [Artikel] sur des **ordinateurs** [Computer], d'autres discutent. Un journaliste parle au **téléphone** [Telefon]. Thomas demande à sa mère :

– Ça ne doit pas être facile de **se concentrer** [sich konzentrieren] avec cette **agitation** [Durcheinander] ?

– C'est difficile parfois, mais je **me suis habituée** [habe mich gewöhnt]. Je demande parfois aux **collègues** [Kollegen] de parler moins fort. Mais, dans le **métier** [Beruf] de journalisme, nous sommes obligés d'**échanger** [auszutauschen] toute la journée.

Thomas fait aussi remarquer qu'il n'y a pas beaucoup de

femmes. Sa mère lui répond :

– C'est vrai. Nous sommes trois à la rédaction sportive, mais il

y a plus de femmes à la rédaction locale.

Nadine et son fils continuent jusqu'au fond de la salle, près

d'une fenêtre. Nadine dit à Thomas :

– Ça, c'est mon **bureau**[Schreibtisch]. Il y a l'ordinateur, des **dossiers**[Unterlagen] et

des **tiroirs pleins à craquer**[rappelvolle Schubladen]…

– … et une photo de moi ! s'exclame Thomas.

– Bien sûr, Thomas. Ainsi, je peux te voir toute la journée.

– Et le **cadre**[Bilderrahmen] est magnifique !

– C'est en bois peint en bleu, ta couleur préférée. Veux-tu que

je te montre comment je travaille ?

– Oui, répond Thomas.

Nadine apporte une chaise pour Thomas, puis s'installe dans

son confortable **fauteuil**[Sessel] noir et **allume**[schaltet ein] son ordinateur.

Elle clique ensuite sur une icône et explique.

– C'est le **logiciel**[Software] de **traitement de texte**[Textbearbeitung]. Ça sert à écrire

mes articles. Quand je les ai terminés, je les **enregistre**[speichere] dans

ce dossier. L'**assistant de rédaction**[Redaktionsassistent] le relira, puis le

wird übergeben *wird setzen*
transmettra au graphiste, qui le **mettra en pages**.

Soudain, un homme grand et gros arrive devant le bureau de Nadine et lui dit :

– Bonjour Nadine. Qui est ce jeune homme à côté de toi ?

– Bonjour Hervé. C'est mon fils, Thomas, qui vient pour un stage d'observation d'une semaine.

dreht sich
Nadine **se tourne** vers son fils :

Chefredakteur
– Thomas, voici Hervé, le **rédacteur en chef** des sports.

– Bonjour Monsieur.

– Bonjour Thomas. Appelle-moi Hervé, ce sera plus simple.

Thomas trouve le rédacteur très sympathique, mais il se dit *sieht nicht aus* qu'il **n'a pas l'air** très sportif. Hervé continue de parler :

– Alors Thomas, deviendras-tu un journaliste sportif, comme ta maman ?

– J'espère, répond Thomas. J'aime écrire et j'aime faire du sport.

– Et quel sport aimes-tu faire ?

– Je fais du volley-ball.

weitersprechen
Hervé s'arrête de parler, puis réfléchit avant de **poursuivre** :

Das trifft sich sehr gut!
– **Ça tombe très bien !** Ce soir, il y a un match de volley-ball

9 Le stagiaire

très important. Il s'agit du championnat national des juniors.

C'est en dehors des **horaires** [Arbeitszeiten] de ton stage. Mais, pour devenir

journaliste, il faut accepter de faire des horaires parfois difficiles.

Toi et ta mère, vous irez donc voir ce match, et tu écriras un

article. Ta mère le **corrigera** [wird korrigieren], et demain le journal le **publiera** [wird veröffentlichen].

Tu es content ?

Thomas est **gêné** [verlegen]. Il regarde sa mère, puis Hervé, et finit par dire :

– Je ne peux pas faire cet article.

Hervé est étonné par cette réponse et se met presque en colère.

– Comment ? Je te donne une **occasion** [Gelegenheit] de **faire tes preuves** [dich zu bewähren]

et tu **refuses** [lehnst ab]. Ce n'est pas comme ça que tu deviendras

journaliste !

Timidement, Thomas répond :

– J'aimerais faire cet article, mais je ne peux pas…

Sa mère lui vient alors en aide :

– Hervé, il ne peut pas écrire cet article parce que Thomas…

joue au volley-ball dans l'équipe qui joue ce soir !

Hervé reste un instant **silencieux** [wortlos], puis conclut :

– Tu **as intérêt** [tust gut daran] à gagner ce match, parce que c'est ta mère

qui écrira cet article !

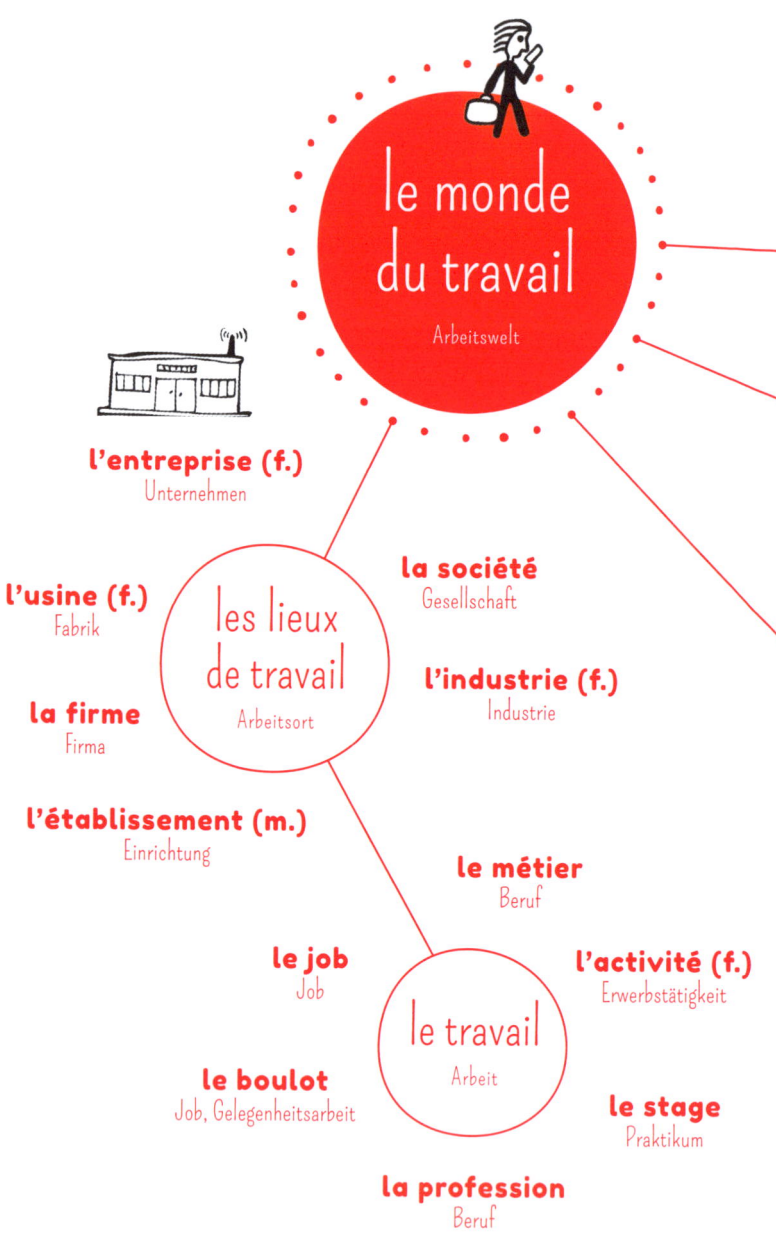

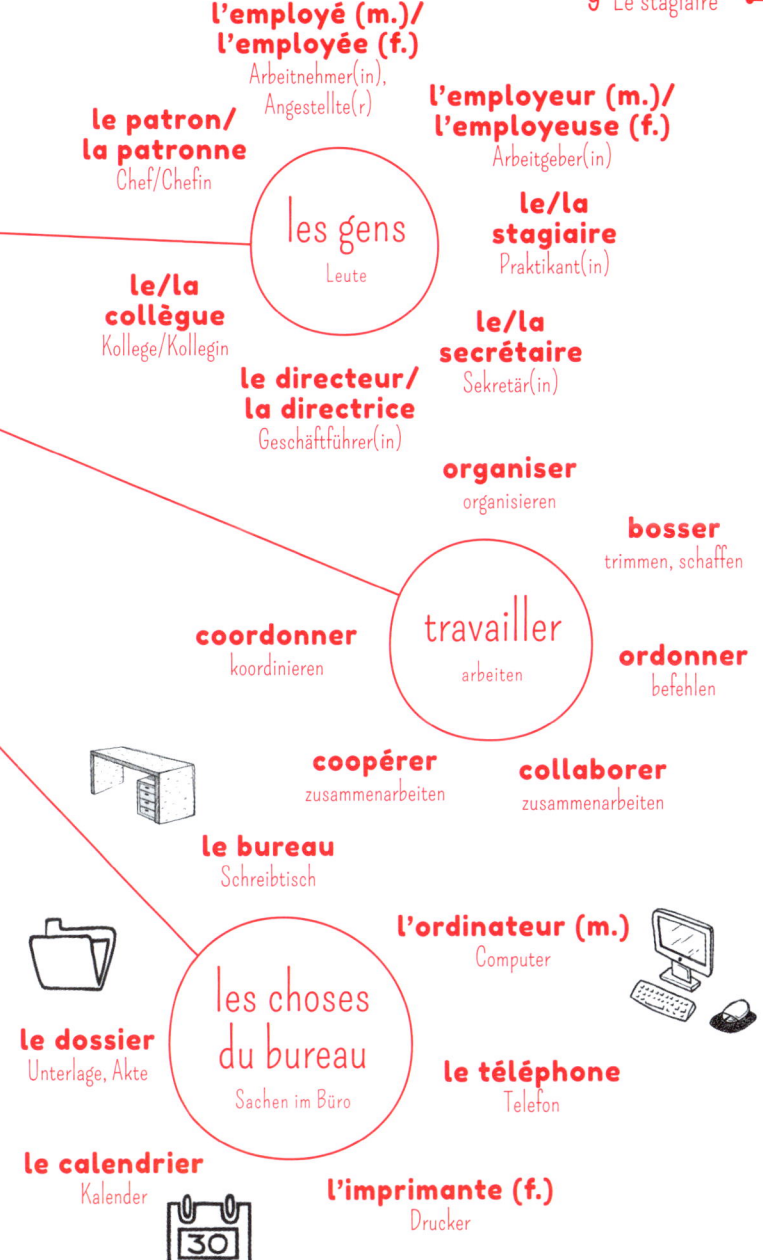

Rendez-vous au concert

Ce soir, Mélanie et Jérôme vont au concert de leur
Lieblingsband
groupe préféré. Ils attendent leurs amis Paul et Sarah avant

de partir. Mais le couple n'est toujours pas là. Jérôme commence
unruhig zu werden   *zu spät*
à **s'inquiéter**. Il craint d'arriver **en retard** au concert.

Il décide donc d'appeler Paul.

– Allô ! Paul ? Bonjour. Que fais-tu ? Nous t'attendons depuis
fast   *laufen Gefahr*
presque une demi-heure. Nous **risquons** d'être en retard

au concert.

wiederholt
Jérôme écoute ce que lui dit Paul, puis le **répète** à Mélanie :

direkt
– Paul me dit qu'il est en ville et qu'il va **directement** à la
erinnert sich   *vorbeikommen*
salle de concert. Il ne **se souvient** pas qu'il devait **passer**

chez nous avant.

zuerst
– Et Sarah ? demande Mélanie. Elle vient **d'abord** chez nous

ou elle va aussi directement à la salle ?

– Allô ! Paul ? Mélanie me demande si Sarah passe chez nous ou si elle va directement à la salle.

À cet instant, le smartphone de Mélanie sonne. Jérôme a juste le temps de lui dire :

– Paul me dit que, **normalement** [normalerweise], Sarah va directement à la salle.

Mais Mélanie est déjà sur son smartphone. Elle écoute, puis **fait un signe** [gibt ein Zeichen] à Jérôme.

– Attends, Paul. Mélanie veut me dire quelque chose.

Mélanie **annonce** [teilt mit] à Jérôme que c'est Sarah qui appelle.

Celle-ci est étonnée car Paul n'est pas encore revenu à la maison.

Jérôme parle **à nouveau** [erneut] à Paul :

– Mélanie est en ce moment au téléphone avec Sarah. Sarah lui dit qu'elle ne comprend pas pourquoi tu n'es pas rentré chez toi.

Jérôme **écoute** [hört zu] attentivement Paul, puis se tourne vers Mélanie :

– **Apparemment** [Anscheinend], Paul a demandé à Sarah de nous **prévenir** [Bescheid zu geben] qu'ils ne passeraient pas chez nous avant le concert. Il avait quelque chose à **régler** [erledigen] en ville. Paul me dit que Sarah devait le **retrouver** [treffen] devant la salle de concert.

Mélanie répète à Sarah ce qu'elle vient d'**entendre** [hören], puis elle **s'adresse** [wendet sich] à Jérôme :

- Sarah **prétend** [behauptet] que Paul ne lui a jamais dit ça.

Jérôme répète à Paul ce que Sarah vient de dire à Mélanie. D'après Jérôme, Paul est **vexé** [beleidigt] :

- Il **affirme** [behauptet] qu'il a **donné rendez-vous** [sich verabredet] à Sarah devant la salle de concert, et qu'elle devait nous **avertir** [benachrichtigen] qu'ils ne pourraient pas venir avant. Il **ajoute** [fügt hinzu] que, **comme d'habitude** [wie üblich], Sarah ne l'écoute pas.

- Je préfère ne pas dire ça à Sarah, répond Mélanie. Elle pourrait **se mettre en colère** [wütend werden]. Je vais plutôt **arranger les choses** [die Dinge hinbiegen].

Mélanie dit alors à Sarah que Paul a oublié de l'informer des **changements** [Änderungen] dans son **emploi du temps** [Stundenplan]. À présent, il faut trouver la meilleure solution pour ne pas arriver en retard au concert. Mélanie **propose** [schlägt vor] à Sarah :

- Viens chez nous. Nous partirons dès que tu seras là et nous retrouverons Paul **sur place** [vor Ort]. Est-ce que ça te va ?

Sarah est d'accord. Jérôme annonce à Paul :

- Sarah dit qu'elle vient chez nous. Puis nous partons **ensemble** [zusammen]

10 Rendez-vous au concert

et nous te retrouvons devant la salle de concert. D'accord ?

Jérôme **raccroche** [legt auf] et dit à Mélanie que Paul les attend là-bas.

Un quart d'heure plus tard, Sarah arrive. Le petit groupe s'en va immédiatement car il est déjà tard.

Ils passent en voiture devant la salle de concert. Paul est là. Il est tout seul. Tous les spectateurs sont donc déjà rentrés. Le concert a peut-être commencé. Jérôme gare la voiture dans la parking, et les trois amis **se dépêchent** [beeilen sich] pour **rejoindre** [treffen] Paul. Quand ils le retrouvent enfin, Paul est **énervé** [genervt].

– Que se passe-t-il ? lui demande Jérôme.

– Tu veux vraiment savoir ce qu'il se passe ? lui répond Paul. Je vais te le dire : le concert n'était pas aujourd'hui, mais hier !

la réunion
Versammlung

le tête-à-tête
Tête-à-tête, Gespräch unter vier Augen

la rencontre
Begegnung

le rendez-vous
Treffen, Verabredung, Termin

le rancard
Rendezvous

l'entrevue (f.)
Treffen

ponctuel/ ponctuelle
pünktlich

en retard
zu spät

la ponctualité
Pünktlichkeit

trop tard
zu spät

à l'heure
rechtzeitig

écouter
zuhören

être attentif/ attentive
aufmerksam sein

prêter l'oreille
Gehör schenken

faire attention
aufpassen

entendre
hören

10 Rendez-vous au concert

Des poules sur la route

Françoise est **soulagée**. [erleichtert] Avec deux heures de **retard** [Verspätung], son fils arrive enfin. Éric, sa femme Caroline ainsi que ses enfants, Ariane et Jules, **passent** [verbringen] le week-end de Pâques chez elle.

Dès qu'ils sortent de leur voiture, Françoise ouvre la **porte d'entrée** [Haustür] et leur demande :

– Pourquoi êtes-vous en retard ? J'étais très **inquiète** [beunruhigt].

– Il vient de nous arriver une drôle d'**aventure** [Abenteuer], répond Éric. Je vais te **raconter** [erzählen].

La petite famille entre dans la maison et s'installe dans le salon. **Pendant ce temps** [Währenddessen], Françoise apporte le café, les petits gâteaux et le jus de fruit. **Quand** [Wenn] tout le monde est **servi** [bedient], Éric commence à parler :

– Sur la route, il y avait un camion devant nous. Soudain, des oiseaux **se sont échappés** [sind entwischt] du camion.

Je **me suis rapproché** et j'ai vu que c'étaient des **poules**.
(bin nähergekommen) *(Hühner)*

Après que le chauffeur du camion **s'est aperçu** que ses
(Nachdem) *(hat bemerkt)*

poules partaient, il **s'est garé** sur le côté. Puis il est sorti.
(hat geparkt)

Éric s'arrête de parler pour boire son café. Caroline prend alors

la parole et **continue** à raconter l'**histoire** :
(setzt fort) *(Geschichte)*

– Il y avait des poules **partout** sur la route. Heureusement, il
(überall)

n'y avait pas de voitures. **En revanche**, nous étions **bloqués**.
(Dafür) *(blockiert)*

Le chauffeur était tout rouge. Il **insultait** ses poules. Il était
(beschimpfte)

hors de lui. Nous sommes alors sortis de la voiture et nous
(außer sich)

avons commencé à l'aider.

Caroline **cesse** de parler à son tour pour manger un petit
(hört auf)

gâteau. Ariane en profite pour **poursuivre** le **récit** :
(fortzusetzen) *(Erzählung)*

– Je suis sortie de la voiture, mais j'avais un peu peur que les

poules me **picorent** les pieds. Je suis donc allée à l'arrière de
(picken)

la voiture, puis j'ai ouvert le **coffre** pour prendre l'appareil
(Kofferraum)

photo. J'ai pris plein de photos des poules ! Tu veux voir ?

demande Ariane à sa grand-mère.

– Bien sûr, répond Françoise.

Françoise regarde les photos sur l'écran de l'appareil.

Pendant qu'Ariane est en train de boire son jus de fruit, Jules, le petit dernier de la famille, se met à parler :

– Moi, je n'ai pas peur des poules. Le chauffeur continuait à les **récupérer** [sammeln], mais c'était **dur** [schwer]. Je l'ai aidé. J'ai réussi à **capturer** [fangen] une poule. Il m'a remercié. Il a **dit** [gesagt] que j'étais très **efficace** [kompetent], hein, papa ?

– Oui, c'est vrai, dit Éric. Finalement, le chauffeur a récupéré **presque** [fast] toutes ses poules. Il en **manquait** [fehlte] une seule. Il nous a donc remerciés et il est reparti.

– C'est pourquoi nous sommes très en retard, ajoute Caroline.

– Tu aurais pu me téléphoner, reproche Françoise à son fils. J'**étais angoissée** [hatte große Angst].

– Je suis désolé, j'ai complètement oublié, lui répond-il.

– Ce n'est pas grave. Allons chercher vos bagages.

Tout le monde se lève pour aller dehors. Jules **se précipite** [stürzt sich] vers la voiture et commence à ouvrir le coffre. Soudain, une poule **surgit** [taucht auf] du coffre, puis vole dans les airs et **atterrit** [landet] dans le jardin de Françoise. Éric dit :

– La voilà, la poule qui manquait. Mais comment est-elle arrivée dans le coffre ?

Ariane intervient :

– Quand j'ai pris l'appareil photo dans les bagages, je n'ai pas **referm é** [wieder zugemacht] tout de suite le coffre. Elle a dû en profiter pour entrer **à ce moment-là** [in diesem Moment].

Jules se met à crier **alors que** [während] sa famille continue à regarder la poule :

– Regardez !

Tout le monde **se retourne** [dreht sich um]. Jules montre le coffre de la voiture.

Éric se rapproche et demande :

– Que se passe-t-il ?

Jules **fouille** [untersucht] dans le coffre et sort… un œuf.

– Incroyable ! s'exclame Françoise. La poule a eu le temps de **pondre** [(hier:) legen] un œuf.

Jules se met à rire :

– C'est un vrai **œuf de Pâques** [Osterei], et c'est moi qui l'ai trouvé !

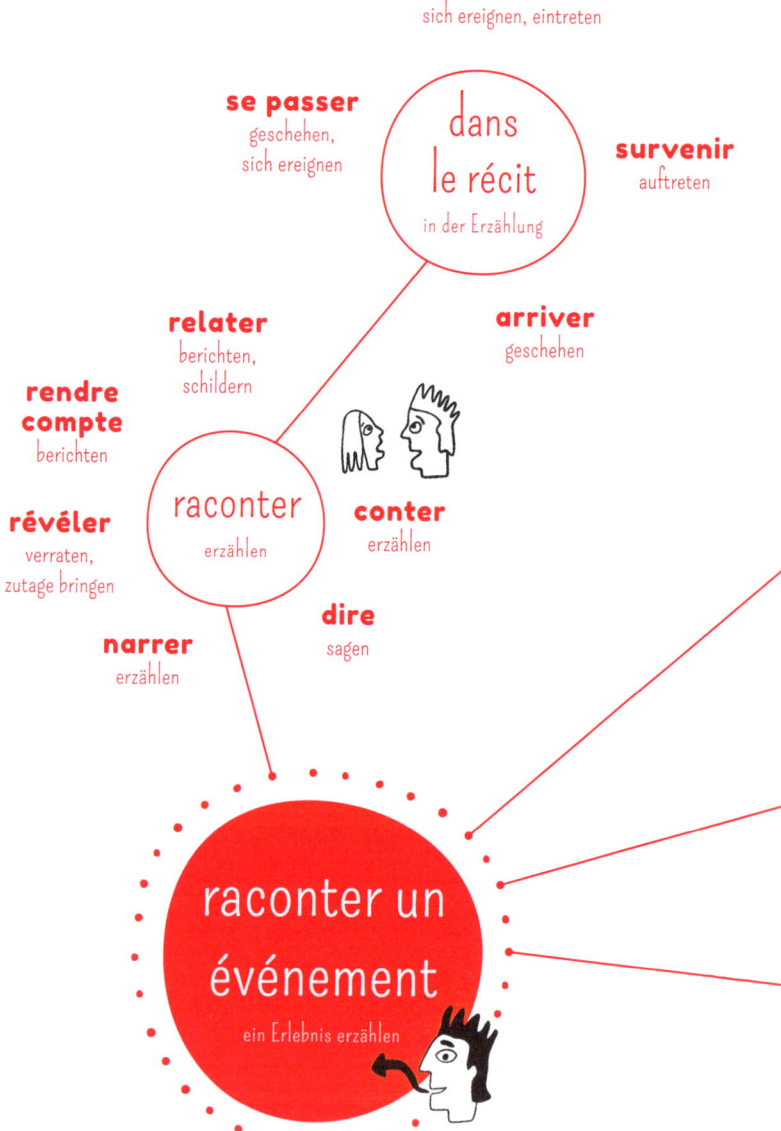

11 Des poules sur la route

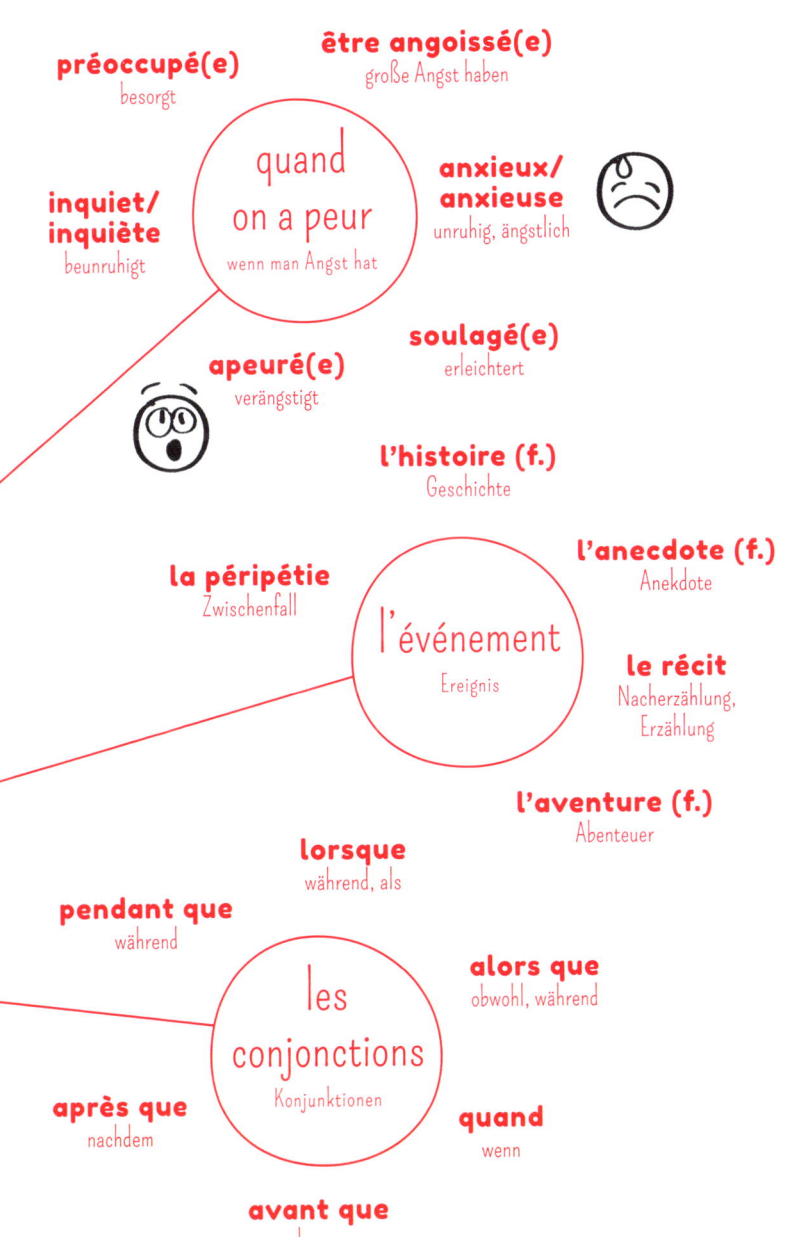

quand on a peur — wenn man Angst hat

- **préoccupé(e)** — besorgt
- **être angoissé(e)** — große Angst haben
- **inquiet/inquiète** — beunruhigt
- **anxieux/anxieuse** — unruhig, ängstlich
- **apeuré(e)** — verängstigt
- **soulagé(e)** — erleichtert

l'événement — Ereignis

- **l'histoire (f.)** — Geschichte
- **la péripétie** — Zwischenfall
- **l'anecdote (f.)** — Anekdote
- **le récit** — Nacherzählung, Erzählung
- **l'aventure (f.)** — Abenteuer

les conjonctions — Konjunktionen

- **lorsque** — während, als
- **pendant que** — während
- **alors que** — obwohl, während
- **après que** — nachdem
- **quand** — wenn
- **avant que** — bevor

Le réveillon

- Que pourrait-on faire au **réveillon** [Silvesterabend] cette année ?

Amandine est allongée sur le sable. Elle regarde d'un air étonné Cédric qui est assis face aux **vagues** [Wellen]. Après un instant de silence, elle lui répond :

- Nous sommes **en vacances** [im Urlaub] à la mer en plein été et tu penses déjà au réveillon de l'hiver prochain ?

- L'année dernière, nous **nous sommes décidés** [haben uns entschieden] au dernier moment. Nous avons accepté l'**invitation** [Einladung] de Didier et je n'ai pas passé une très bonne soirée.

- Tu **exagères** [übertreibst] ! C'était tout de même une soirée **amusante** [lustig].

- Pour toi, peut-être. Mais moi, je n'aime pas quand il y a trop de monde. En plus, nous ne connaissions personne. Si j'avais su, je t'aurais proposé un **dîner en tête-à-tête** [Candle-Light-Dinner]...

- Un dîner en tête-à-tête, c'est bien pour la **Saint-Valentin** [Valentinstag].

Au réveillon, on s'amuse avec les amis.

Cédric **fouille** [wühlt] le sable avec un **coquillage** [Muschel], puis reprend la parole.

– Cette année, je souhaite que nous invitions quelques bons amis chez nous. Il faut **éviter** [vermeiden] que nous soyons trop nombreux.

Il faut aussi que nous trouvions une idée originale pour la soirée. Amandine ne répond pas. Elle **bronze** [bräunt sich] en silence. Elle préfère écouter le bruit des vagues. Les vacances ne sont pas faites pour préparer la **nuit de la Saint-Sylvestre** [Silvesternacht]. Soudain, Cédric demande :

– Tu m'écoutes ?

– Pas vraiment, lui répond Amandine.

Cédric se tait parce qu'il est **vexé** [beleidigt]. Amandine le **ressent** [merkt].

Elle reprend donc la parole :

– Je te propose que nous invitions mon frère et sa femme **ainsi que** [sowie] tes deux sœurs avec leurs maris. Nous serions huit. C'est bien huit ?

– Non, non. Nous voyons déjà notre famille à Noël, autour de la **dinde aux marrons** [Truthahn mit Maronen]. Le **réveillon du Nouvel An** [Silvesterabend], c'est **réservé** [ausschließlich] aux amis.

Amandine et Cédric **dressent** [stellen auf] la liste des amis qu'ils aimeraient inviter. Puis Cédric demande :

– As-tu une idée **plaisante** [nett] pour animer la soirée ?

– J'avoue que je ne sais pas trop. Nous pourrions nous **déguiser** [verkleiden] ?

– En quoi ?

– En… **monstres** [Monster] ?

– Nous nous sommes déguisés en monstres pour Halloween. C'était sympa, mais ce n'est pas vraiment l'**ambiance** [Stimmung] pour le réveillon…

Soudain, un ballon **atterrit** [landet] sur la tête de Cédric. Celui-ci se retourne. Des enfants qui jouaient au foot viennent vers lui. L'un deux dit, intimidé :

– Désolé, Monsieur.

– Ce n'est pas grave.

Cédric leur rend le ballon. Amandine **intervient** [meldet sich] :

– Au fait, est-ce que nous invitons aussi les enfants de nos amis ?

– Ah non ! Il faut que nos amis viennent sans eux. Il y a déjà plein de fêtes pour les enfants : ils reçoivent des cadeaux à Noël, font la chasse aux œufs à Pâques, font la fête quand c'est leur anniversaire. Le réveillon du Nouvel An, c'est réservé aux adultes.

- Très bien, Cédric. **Ne t'énerve pas**^{Reg dich nicht auf}. Ce sera un réveillon sans enfants et nous nous amuserons **gaiement**^{fröhlich}.

Amandine fait une pause, puis demande à Cédric :

- Et toi, tu as une idée **réjouissante**^{fröhlich} pour le réveillon ?

Cédric ne répond pas. Il est perdu dans ses **pensées**^{Gedanken}. Il regarde l'horizon, puis lève la tête vers le ciel. Le soleil brille et il n'y a pas un seul nuage. Il regarde ensuite à droite. Des gens **dégustent**^{genießen} des cocktails à une terrasse sous des **parasols**^{Sonnenschirme}.

Soudain, il **s'exclame**^{ruft freudig} :

- J'ai une idée !

- À quoi penses-tu ?

- Je propose que nous fassions une soirée sur le thème des Caraïbes : plage, **cocotiers**^{Kokospalmen}, cocktails, **fruits exotiques**^{exotische Früchte}... Chacun viendra avec un **déguisement**^{Verkleidung} **en rapport avec**^{in Verbindung mit} des vacances dans les îles.

- Tu es incroyable, Cédric ! En pleines vacances d'été, il faut que tu **prépares**^{bereitest vor} le réveillon. Et pour le réveillon, tu **prévois**^{siehst vor} de vivre comme en été... C'est le monde **à l'envers**^{verkehrt} !

le dimanche de Pâques
Ostersonntag

la fête nationale
Nationalfeiertag

le réveillon de Noël
Heiligabend

les fêtes
Feste

le réveillon du Nouvel An
Silvesterabend

la Saint-Valentin
Valentinstag

le carnaval
Karneval, Fasching

la nuit de la Saint-Sylvestre
Silvesternacht

élaborer
ausarbeiten

prévoir
planen

préparer
vorbereiten

organiser
organisieren

anticiper
voraussehen

le déguisement
Verkleidung

le costume
Kostüm

le chapeau
Hut

les soirées déguisées
Kostümpartys

le maquillage
Schminke

le masque
Maske

la perruque
Perücke

12 Le réveillon

heureusement
glücklich, glücklicherweise

gaiement
fröhlich

les adverbes de joie
Adverbien der Freude

joyeusement
fröhlich

follement
wahnsinnig, verrückt

divertissant(e)
unterhaltsam

réjouissant(e)
heiter, fröhlich

les adjectifs liés à la fête
Adjektive für ein Fest

festif/ festive
festlich

amusant(e)
lustig

plaisant(e)
nett, lustig

préparer une fête
ein Fest vorbereiten

Le festival du Hellfest

– Alors ?

– Alors quoi ?

– Tu as acheté les billets ?

Christophe regarde Marine d'un air **désolé**^{untröstlich}. Il a oublié d'acheter **en ligne**^{online} les billets pour le **festival**^{Festival} du Hellfest. Christophe et Marine sont **fans**^{Fans} de musique metal. Chaque année, ils **se rendent**^{gehen} au festival du Hellfest à Clisson, près de Nantes. C'est un **événement**^{Ereignis} qui a beaucoup de **succès**^{Erfolg}. Les billets se vendent très vite. Il faut les acheter dès que la **billetterie**^{Verkauf} est ouverte. Christophe **avoue**^{gibt zu} :

– Désolé, j'ai oublié…

– Quoi ? crie Marine. Tu as oublié ? Mais c'est une catastrophe. **À cette heure**^{Um diese Zeit}, tous les billets sont vendus.

– Peut-être pas. Je voudrais que tu ailles sur Internet pour voir s'il reste des billets. Pendant ce temps, je vais essayer d'acheter

ceux qui sont vendus dans les différents **points de vente** (Verkaufsstellen)

autour de chez nous (in unserer Nähe).

Marine se rend sur des **sites de vente en ligne** (Webseiten zum Onlineverkauf) et Christophe

part en voiture chercher des billets. Celui qui réussit à en trouver

prévient (gibt Bescheid) l'autre. Hélas, après une heure de recherche,

Christophe et Marine n'ont pas trouvé de billets. Marine dit :

– Cette année, je **crains** (befürchte) que nous n'allions pas au Hellfest.

Christophe réfléchit, et soudain, il a une idée. Il propose à Marine :

– Je vais appeler mon amie Sandrine, qui était **bénévole** (ehrenamtlich) au

festival l'année dernière. Elle pourra peut-être avoir des billets…

Christophe appelle Sandrine. Hélas, celle-ci ne peut pas **aider** (helfen)

le couple. Cette année, elle n'est pas bénévole. Elle a juste pris

des billets pour elle et son ami.

– Cette fois, déclare Christophe, il n'y a plus d'espoir.

Marine est très **déçue** (enttäuscht). Le Hellfest, c'est le festival qu'elle

préfère (am liebsten mag). Celui de l'année dernière était **fantastique** (fantastisch). Elle

avait pu **acclamer** (zujubeln) tous ses **groupes favoris** (Lieblingsbands). C'est vraiment

dommage que Christophe a oublié d'acheter les billets. Soudain, elle a une idée. Elle propose à Christophe :

– Et si on achetait des billets au marché noir ?

– Non, Marine. Ça nous **coûtera** [wird kosten] trop cher.

– J'**ai tellement envie** [würde so gerne] qu'on y aille que je suis **prête** [bereit] à payer le **double** [Doppelte] du prix.

Christophe refuse et ajoute :

– Je ne veux pas qu'on achète des billets au marché noir. Nous n'avons pas de billets cette année parce que des personnes achètent beaucoup trop de billets pour les revendre ensuite très cher. Je **m'oppose à** [bin gegen] cette **pratique** [Praxis].

Marine **soupire** [seufzt] :

– Dans ce cas, j'attends qu'un **miracle se produise** [Wunder geschieht]. Je ne peux pas croire que nous n'irons pas au Hellfest cette année.

À cet instant, le téléphone de Christophe sonne. C'est Sandrine. Christophe écoute son amie, puis la **met en attente** [lässt sie warten] pour s'adresser à Marine :

– Tu voulais qu'un miracle se produise ? Je t'annonce qu'un miracle s'est produit.

13 Le festival du Hellfest

Marine **n'en croit pas ses oreilles** [traut ihren Ohren nicht]. Elle n'arrive pas à parler.

Christophe lui explique :

- C'est incroyable ! Sandrine **vient de recevoir** [hat gerade bekommen] **par courrier** [per Post] une invitation pour le mariage de son frère. Et celui-ci se marie… le week-end où **a lieu** [findet statt] le festival du Hellfest. Elle aimerait donc qu'on lui achète ses billets. Qu'est-ce que je lui réponds ?

Marine regarde Christophe avec un énorme sourire et de grands yeux. Elle lui répond :

- D'après toi ?

Christophe accepte évidemment la **proposition** [Vorschlag]. Sandrine est très heureuse qu'ils puissent aller finalement au festival du Hellfest.

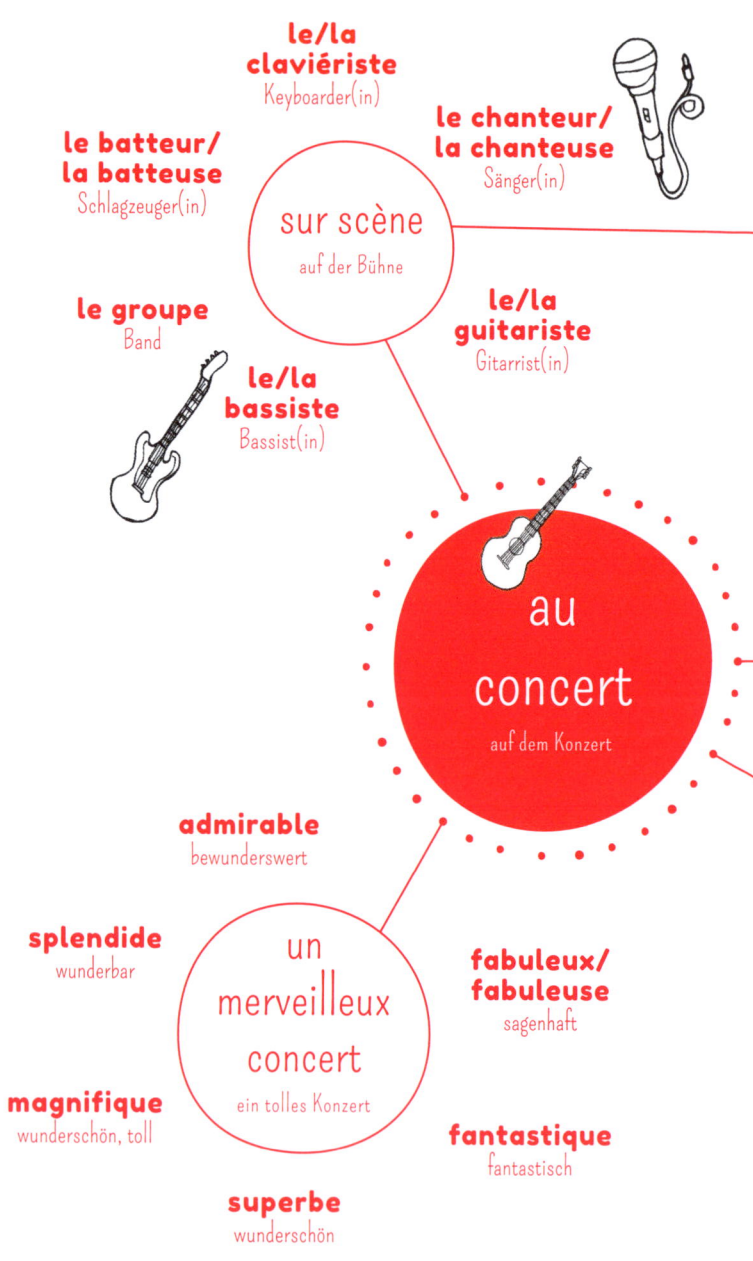

sur scène
auf der Bühne

le/la claviériste — Keyboarder(in)

le batteur/ la batteuse — Schlagzeuger(in)

le chanteur/ la chanteuse — Sänger(in)

le groupe — Band

le/la guitariste — Gitarrist(in)

le/la bassiste — Bassist(in)

au concert
auf dem Konzert

un merveilleux concert
ein tolles Konzert

admirable — bewunderswert

splendide — wunderbar

fabuleux/ fabuleuse — sagenhaft

magnifique — wunderschön, toll

fantastique — fantastisch

superbe — wunderschön

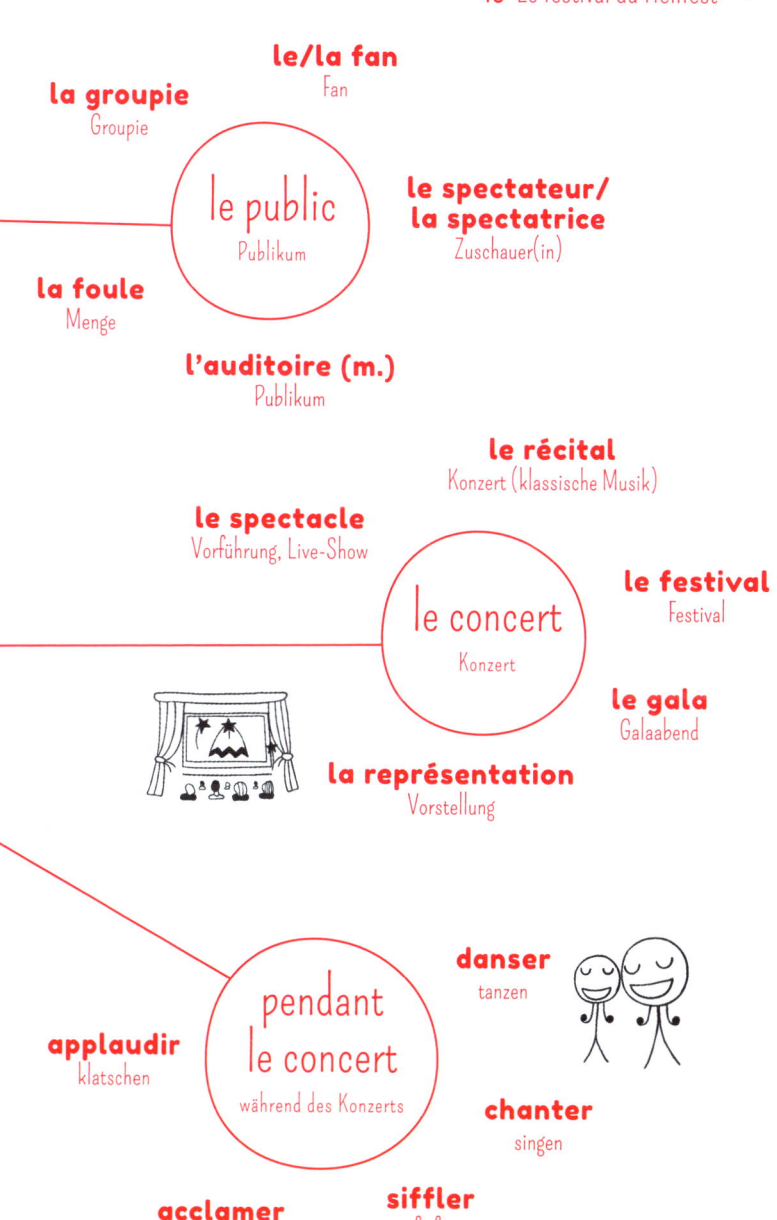

Trop cher !

Pour la **rentrée des classes**, les parents de Noémie l'**emmènent faire du shopping**. En effet, elle a besoin de nouveaux **vêtements** parce qu'elle arrive au lycée cette année. Ils commencent par le **magasin** de **chaussures**.

Anna, la mère de Noémie, demande :

– Quelles chaussures veux-tu ?

– Je voudrais des grandes **bottines** rouges, comme celles-là.

Noémie **se précipite** vers une **étagère** pour montrer les chaussures à ses parents. Sa mère les trouve très **jolies**, mais son père, Arthur, regarde le prix et dit :

– Elles sont trop **chères**.

Noémie est **déçue**. Elle choisit un autre modèle rouge moins cher, mais il n'y a pas sa **pointure**. Elle demande alors à la **vendeuse** :

– Avez-vous cette **paire de chaussures** en 37 ?

– Oui, mais **uniquement** en noir.

Noémie réfléchit un instant, puis accepte. La vendeuse part dans la **réserve** et revient avec les chaussures noires.

Noémie les essaie, puis déclare :

– C'est parfait ! Je les prends.

Les parents de Noémie paient. La famille entre ensuite dans une **boutique de vêtements**. Noémie leur dit :

– Pour mon premier jour au lycée, j'aimerais mettre une belle **robe**.

– Tu veux une robe longue ou une robe courte ? lui demande sa mère.

– Je préfère une robe longue, répond Noémie, car c'est bientôt la fin de l'été. Il ne faudrait pas que j'**attrape froid**.

Noémie et sa mère regardent longuement les robes. Arthur les **suit** sans rien dire. Soudain, Noémie s'exclame :

– Cette robe noire est magnifique !

– Elle est très jolie, en effet, ajoute sa mère.

Son père **s'approche** et regarde le prix :

– Elle est trop chère ! dit-il.

Noémie est **mécontente** [unzufrieden]. Mais elle sait qu'elle ne peut pas **convaincre** [überreden] son père parce qu'il est très **radin** [geizig]. Elle regarde donc d'autres robes. Elle finit par prendre une robe rouge **à fines bretelles** [mit dünnen Trägern]. Arthur **intervient** [meldet sich] :

– **Tout à l'heure** [Vorher], tu disais que tu avais peur d'attraper froid…

– Si tu **préfères** [lieber magst], papa, je prends la robe noire…

– Non, non, répond-il. Prends cette **charmante** [wundervoll] robe rouge.

Noémie va dans la **cabine d'essayage** [Umkleidekabine] pour voir si cette robe lui convient. Sa mère lui dit :

– Elle te va très bien.

– Alors, je la prends. Finalement, elle me plaît **davantage** [mehr] que la robe noire.

Noémie doit faire un dernier achat : une **veste** [Jacke]. Elle les regarde et **sélectionne** [wählt aus] une veste **en cuir** [aus Leder]. Elle n'a même pas le temps de parler. Son père l'arrête tout de suite :

– Elle est trop chère !

Noémie repose la veste. Elle ne sait pas quoi prendre pour la remplacer. Une vendeuse s'approche et lui demande :

14 Trop cher !

– Bonjour Mademoiselle, voulez-vous un **conseil** [Ratschlag] ?

– Oui, **volontiers** [gerne], accepte Noémie.

Pendant que Noémie et la vendeuse se parlent, Arthur est parti dans le **rayon des hommes** [Männerabteilung]. Il a **repéré** [entdeckt] un **blouson** [Jacke] qu'il rêve d'acheter depuis longtemps. Il l'essaie, mais il est un peu **large** [breit]. Il demande à une vendeuse :

– Avez-vous le même blouson une **taille** [Konfektionsgröße] en dessous ?

– Oui, lui répond la vendeuse.

Celle-ci lui **tend** [überreicht] un blouson plus petit. Arthur l'essaie. Le blouson est parfaitement **ajusté** [(hier:) passt perfekt]. La vendeuse lui dit :

– Ce blouson est très **à la mode** [in Mode]. Il **vous va très bien** [steht Ihnen sehr gut].

Noémie et sa mère arrivent à ce moment-là. Finalement, Noémie a choisi une veste en jean. Arthur se tourne vers sa femme et sa fille et demande avec un sourire **radieux** [strahlend] :

– Regardez ce blouson. Il est trop beau. Je l'adore. Qu'en pensez-vous ?

Noémie et sa mère se regardent, puis répondent en même temps :

– Il est trop cher !

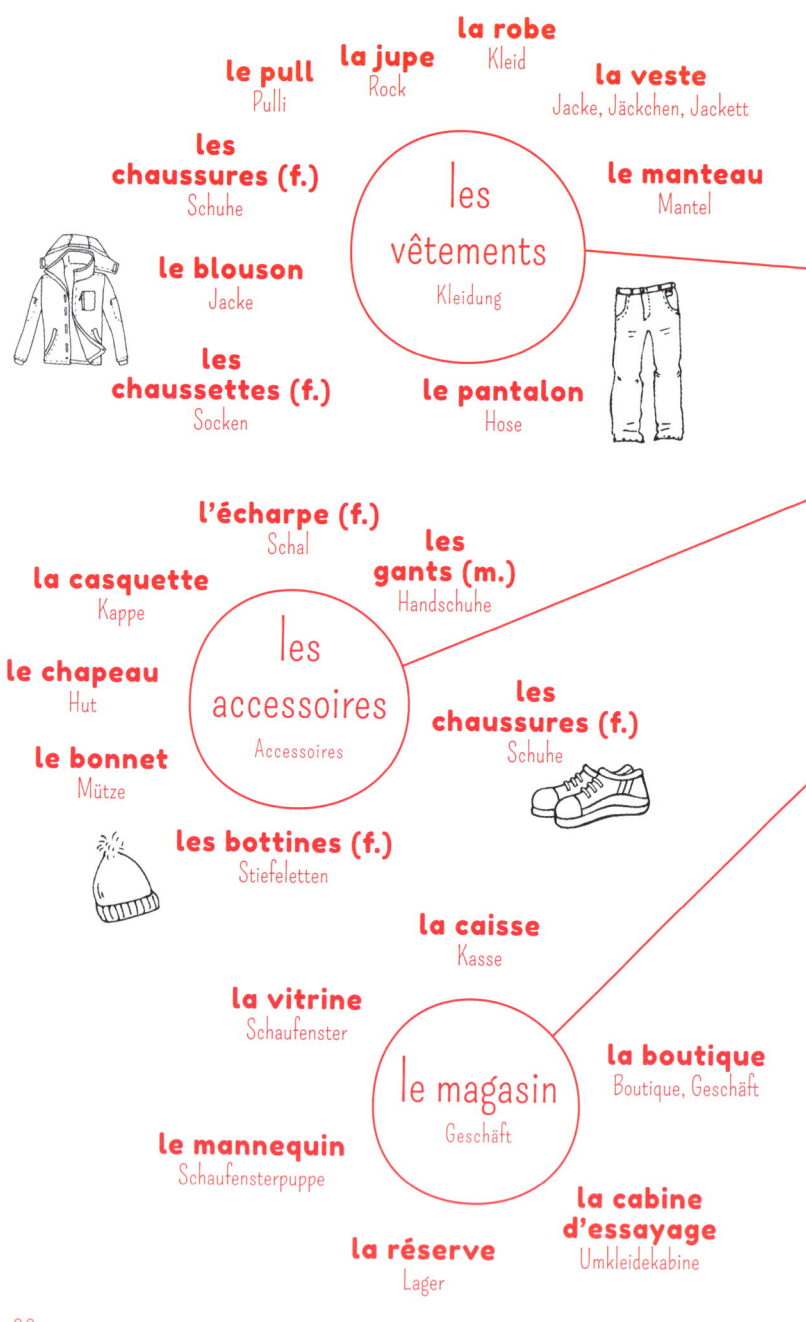

14 Trop cher !

faire du shopping
shoppen

faire du commerce
handeln

- **solder** — billiger verkaufen
- **payer** — (be)zahlen
- **acheter** — kaufen
- **brader** — zu Schleuderpreisen verkaufen
- **vendre** — verkaufen
- **négocier** — verhandeln

les adjectifs liés aux vêtements
Adjektive zu Kleidern

- **ample** — weit
- **large** — weit, breit
- **moulant(e)** — eng, sexy
- **ajusté(e)** — perfekt zugeschnitten
- **serré(e)** — eng

Un couple trop rapide

Arnaud et Léa vont au supermarché. Ils se garent sur le parking à côté des **chariots**[Einkaufswagen]. Mais il n'y en a plus qu'un seul. Arnaud sort vite pour le prendre, mais un couple est plus rapide. Arnaud **est obligé**[muss] d'aller à l'autre **bout**[Ende] du parking pour en trouver un autre.

Après cette petite mésaventure, Arnaud et Léa sont dans le supermarché. Léa dit à Arnaud :

– Je vais **chercher**[suchen] un **pack**[Pack] de six bouteilles d'eau. Pendant ce temps, peux-tu **t'occuper**[dich kümmern] du lait ?

– Bien sûr. Combien de litres dois-je prendre ?

– Deux litres **suffiront**[werden reichen].

Arnaud va chercher le lait. Il en profite pour prendre des **boîtes de conserves**[Konserven] : des haricots verts et des lentilles.

Il retrouve Léa, qui a pris le pack d'eau, mais aussi une bouteille de vin blanc. Elle dit à Arnaud :

– Maintenant, je m'occupe des **pâtes** [Nudeln] et je passe aussi à la **charcuterie** [Wurstabteilung].

– D'accord. Je me charge des **fruits** [Obst] et **légumes** [Gemüse], lui répond-il.

Arnaud arrive aux légumes frais. Il prend trois kilogrammes de pommes de terre nouvelles, deux kilogrammes de tomates bien rouges, quatre oignons jaunes et un **ail** [Knoblauch]. Il veut aussi des **fraises** [Erdbeeren] pour le dessert. Mais il n'en reste plus qu'une **barquette** [Schale].

Le couple, qui a pris le chariot avant lui sur le parking, prend la dernière barquette plus rapidement. Il **n'en croit pas ses yeux** [traut seinen Augen nicht].

Arnaud revient vers Léa et lui explique ce qu'il **vient d'arriver** [gerade geschah]. Il est **énervé** [aufgeregt]. Elle le **rassure** [beruhigt] :

– Ce n'est pas grave. Continuons à faire les courses. Je vais chercher de la **viande** [Fleisch]. Peux-tu t'occuper du petit-déjeuner ?

Arnaud se dirige vers le **rayon** [Abteilung] des **brioches** [Hefegebäck]. Il **attrape** [holt] un grand **paquet** [Packung] de **biscottes** [Zwieback] et un **pot** [Glas] de confiture. Ensuite, il va dans le rayon des **cafés** [Kaffeesorten]. Il **s'apprête** [ist gerade dabei] à **sélectionner** [auszusuchen] sa marque de café préférée, mais le même couple prend le dernier paquet. « Ce n'est pas possible ! », se dit Arnaud. Il revient alors vers Léa et lui explique à nouveau ce qu'il vient de se passer.

– Tu n'es décidément pas **chanceux** [glücklich] aujourd'hui. Mais la marque de café que tu as prise est très bonne aussi.

Arnaud et Léa ont fini de faire leurs courses. Ils **se dirigent** [steuern] vers les **caisses** [Kassen], mais il y a beaucoup de monde. Arnaud regarde et dit à Léa :

– Là-bas, il y a une caisse presque vide. Dépêchons-nous !

Pas de chance, le couple qui a pris le dernier chariot, la dernière barquette de fraises et le dernier paquet de café arrive à la caisse avant eux.

– Mais ce n'est pas possible ! s'énerve Arnaud.

– Ce n'est pas grave ! le rassure une fois de plus Léa. Nous **ne sommes pas pressés** [haben es nicht eilig]. Mettons-nous derrière eux.

Arnaud prend les **produits** [Produkte] dans le chariot et les mets sur le **tapis roulant** [Band]. Il n'est pas content. Il lance des regards méchants au couple qui a toujours été plus rapide que lui. Il est **soulagé** [erleichtert] quand le couple paie ses courses, puis **s'éloigne** [läuft weiter].

Maintenant, Arnaud aide Léa à remettre les courses du tapis

15 Un couple trop rapide

vers le chariot. Ensuite, il tend sa **carte bancaire** [EC-Karte] pour payer.

Soudain, une **sirène** [Sirene] **retentit** [läutet]. La caissière devant lui sourit

et lui annonce :

– Bravo Monsieur ! Vous et votre compagne êtes le

millionième [millionste] **client** [Kunde] de notre magasin. Vous avez gagné

un an de courses **gratuites** [kostenlos] !

Autour de lui et de Léa, tout le monde **applaudit** [klatscht]. Arnaud et

Léa restent silencieux un instant car ils ne réalisent pas ce qu'il

se passe. Mais, quand Léa finit par compendre, elle dit à Arnaud :

– Arnaud, je crois que tu peux remercier l'homme et la femme

qui étaient devant nous. S'ils ne nous avaient pas **devancés** [vor uns gewesen]

à la caisse, ce sont eux qui auraient gagné un an de courses

gratuites. Finalement, c'est bien ton jour de chance aujourd'hui !

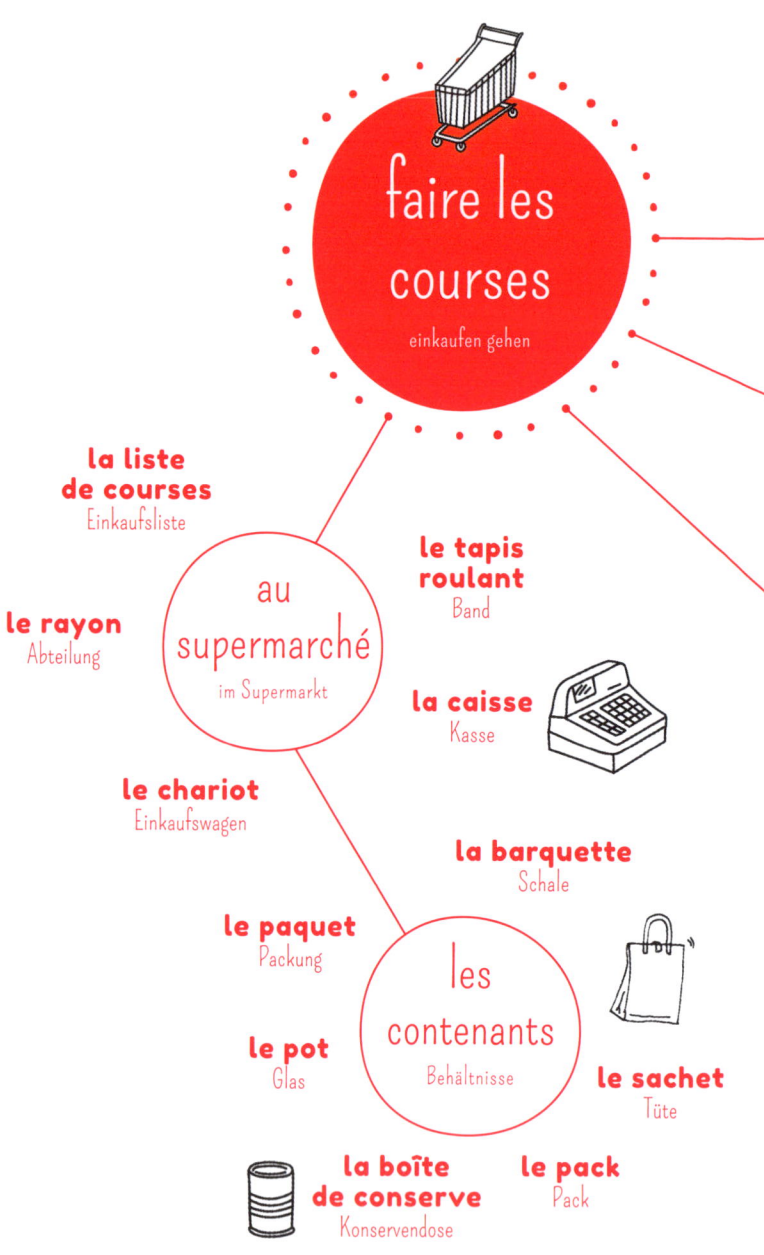

15 Un couple trop rapide

la poissonnerie — Fischabteilung

la crémerie — Milch- und Käseabteilung

la boucherie — Fleischabteilung

les rayons — Abteilungen

la boulangerie — Bäckerei

la charcuterie — Wurstabteilung

l'épicerie (f.) — Feinkost

chercher — suchen

sélectionner — aussuchen

s'occuper — sich kümmern

prendre des produits — Produkte nehmen

choisir — (aus)wählen

attraper — holen

la boisson — Getränk

le poisson — Fisch

les légumes (m.) — Gemüse (im Französischen wird immer die Pluralform verwendet)

les produits — Produkte

la viande — Fleisch

les produits (m.) laitiers — Milchprodukte

les fruits (m.) — Obst (im Französischen wird immer die Pluralform verwendet)

Mieux vaut tard que jamais

Laurence est une femme qui a réussi dans la vie. Grande, mince, cette belle **quinquagénaire** [Fünfzigerin] a tout pour être heureuse : un travail de **cadre supérieur** [Führungskraft] avec de hautes responsabilités, un appartement magnifique, un salaire qui lui permet de s'offrir de nombreux voyages… Ce midi, elle déjeune avec son amie d'enfance, Sylvie.

– Alors Laurence, raconte-moi, c'était comment ta **croisière** [Kreuzfahrt] en Grèce ?

– Tu ne vas pas me croire : je n'en ai pas vraiment **profité** [genossen].

– Ah bon, pourquoi ? Tu n'as pas aimé les paysages ? Le bateau n'était pas assez confortable ?

– Ce n'est pas ça, le bateau était bien, le paysage était magnifique. Mais je **n'avais pas du tout le moral** [war niedergeschlagen]. Franchement, je ne m'étais jamais sentie aussi **déprimée** [deprimiert]. Ne te moque pas de moi, Sylvie, ça doit être la **crise** [Krise] de la cinquantaine ! En tout cas, je ne suis pas cette femme heureuse que les autres voient…

– Qu'est-ce qui ne va pas ?

– Rien ne va ! Je regarde ma vie : qu'est-ce que j'ai réussi à faire, à créer, à atteindre ? Et en plus, j'ai une impression terrible de **solitude** [Einsamkeit] et de vide. Je n'en peux plus !

Laurence raconte à son amie sa fatigue. Elle parle aussi de la **pression** [Druck] qu'elle **subit** [erträgt] dans son travail et de sa peur de **craquer** [zusammenzubrechen]…

– Oh là là, mais tu es au bord du **burn out** [Burnout], Laurence ! Tu as peut-être besoin de vacances ?

– Mais je viens juste d'en prendre, des vacances !

– Alors tu as peut-être envie de réfléchir tranquillement à ta vie, à ta carrière. Pourquoi ne pas **prendre un nouveau départ** [neu anfangen] ?

– Tu as raison : parfois, je rêve de tout arrêter et de **repartir à zéro** [bei null anfangen] !

Quelques mois plus tard, les deux amies se revoient dans un salon de thé.

– Alors Laurence, ça va mieux ? Tu **as meilleure mine** [siehst besser aus], ça me fait plaisir !

– Oui, merci, je vais beaucoup mieux. Avant de parler avec toi l'autre fois, j'étais un peu perdue... Mais après avoir réfléchi, j'ai décidé de **dépasser mes peurs** [meine Ängste zu überwinden] et d'avancer. Et je me suis fait aider !

Laurence a fait un **bilan de compétences** [Kompetenzbilanz]. Après, elle a compris que c'était son travail qui posait problème. Elle avait envie d'un vrai **changement** [Veränderung].

– Dans quel domaine tu veux travailler maintenant ?

– Tu te souviens que j'avais une passion pour la cuisine quand on était enfants ?

– Bien sûr ! Tu préparais toujours de très bons gâteaux !

– Merci... Eh bien voilà mon **projet professionnel** [Berufsplanung] : je vais ouvrir un restaurant. Je prépare un **budget** [Budget] et je cherche des **financements** [Finanzierungen] en ce moment. Tu vois, c'est concret !

Bien sûr, la **prise de risques** [(hier:) Eingehen eines Risikos] existe, mais Laurence a choisi de **se jeter à l'eau** [ins kalte Wasser zu springen]. C'est maintenant ou jamais, se dit-elle pour se donner du courage. **Se battre** [Kämpfen] pour **réaliser son rêve** [seinen Traum zu verwirklichen], ça lui donne **confiance en elle** [Selbstvertrauen].

16 Mieux vaut tard que jamais

Six mois plus tard… Le restaurant de Laurence ouvre aujourd'hui, Sylvie sera la première cliente. Laurence est fière de l'accueillir. Elle lui présente le menu. Mais qui est donc cet homme qui **s'active** [hin und her saust] en cuisine ? Julien ! Incroyable, c'était **l'amour de jeunesse** [Jugendliebe] de son amie, il y a trente ans…

– Ça alors Laurence, vous vous êtes retrouvés ! Tu me racontes ?

– Non, c'est notre secret ! À mon âge, je n'y croyais plus… Mais comme on dit, mieux vaut tard que jamais !

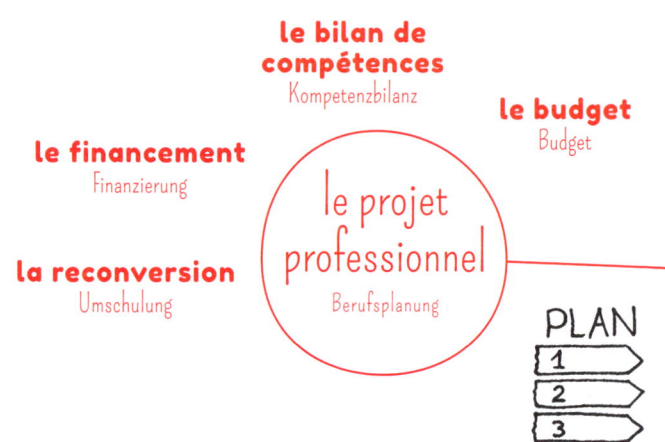

le bilan de compétences
Kompetenzbilanz

le budget
Budget

le financement
Finanzierung

le projet professionnel
Berufsplanung

la reconversion
Umschulung

la prise de risques
Risikobereitschaft, Eingehen/Übernahme eines Risikos

avoir des idéaux
Ideale haben

réaliser son rêve
seinen Traum verwirklichen

se jeter à l'eau
ins kalte Wasser springen

la crise
Krise

la confiance en soi
Selbstvertrauen

la prise de conscience
Selbsterfahrung

avoir peur
Angst haben

dépasser ses peurs
seine Ängste überwinden

16 Mieux vaut tard que jamais

le changement
Veränderung, Wandel

prendre un nouveau départ
neu anfangen

le tournant
Wende

repartir à zéro
bei null anfangen

avoir un nouvel emploi
eine neue Arbeitsstelle haben

le changement de vie
Lebensveränderung

le burn out
Burnout

déprimé(e)
deprimiert

ne pas avoir le moral
niedergeschlagen sein

la pression
Druck

être épuisé(e)
erschöpft sein

être au bout du rouleau
am Ende seiner Kraft sein

craquer
zusammenbrechen

toucher le fond
seinen Tiefpunkt erreicht haben

Le tour des fermes

Combien d'**ânesses** [Eselinnen] ont quitté Le Monastier et les **flancs** [Hänge] du Mézenc depuis 1879 et la parution du célèbre récit de Stevenson ? On a arrêté de les compter ! On en croise chaque année quelques-unes, bien **chargées** [bepackt] et accompagnées de jeunes gens **bronzés** [braungebrannt] et musclés. De moins jeunes aussi, comme Emmanuelle et Valérie qui refont le fameux voyage de l'écrivain dans les Cévennes chaque été depuis plus de vingt ans. Depuis quelques années, elles pratiquent le ***wwoofing** [Wwoofing]. Emmanuelle et Valérie sont des wwoofeuses **fidèles** [treu]. Leur **démarche** [Vorhaben] ne relève pas d'un **coup de tête** [Laune] ou d'une mode, c'est un réel engagement ! Contre **le gîte et le couvert** [Kost und Logis], elles **prêtent leurs bras** [helfen aus] et aident aux travaux de la ferme, à chaque étape de leur longue marche. En quelques années, elles ont appris à faire le pain, à **greffer** [kreuzen] des **fruitiers** [Obstbäume] et commencent à bien connaître les techniques du **maraîchage** [Gemüseanbau]

biologique. Elles sont devenues amies avec presque tous

leurs **hôtes** [Gastgeber] et les retrouvent chaque année sur leur route des

Cévennes. Dans la région, entre le Massif Central et le Midi, il

y a beaucoup de fermes qui **accueillent** [aufnehmen] des wwoofeurs

comme elles.

L'histoire du GR 70 est remplie d'**aventures** [Abenteuer]. Il faut dire que

marcher avec un âne au milieu des montagnes dans ces régions

presque désertes du sud de la France, c'est une **expérience** [Experiment]

unique et extraordinaire. Sans le vouloir, Stevenson a lancé

une mode ! Très vite son voyage est devenu un **pèlerinage** [Pilgerweg].

Emmanuelle et Valérie connaissent par cœur ce journal qu'il a

tenu **quotidiennement** [täglich] pour raconter son voyage. Elles l'ont

lu le soir, autour d'un feu, quand elles dormaient encore à la

belle étoile [unter freiem Himmel]. Puis elles **se sont lassées** [hatten es satt] sans doute de

« coucher **en plein air** [im Freien] », comme l'écrit Stevenson… Mais elles

ont voulu rester fidèles à l'esprit de ce texte et aller, elles aussi,

à la rencontre de l'expérience directe de la vie.

– Je pense qu'en rencontrant des gens, on découvre d'autres

façons de penser. C'est important de **sortir du train-train** [dem Alltagstrott zu entkommen]

et du conformisme, explique Valérie quand, **à l'occasion** [anlässlich] d'un

reportage, on les interroge sur les **voyages écolosolidaires** [ökosolidarische Reisen].

– Beaucoup sont **enfermés** [versteift] dans des modèles qu'ils

reproduisent [wiederholen]. Je trouve qu'ils manquent d'imagination

ou ont une vie **étriquée** [kleinkariert] et triste, ajoute Emmanuelle.

Balthazar est l'âne d'un ami qui vit à la campagne. Il **est très attaché** [hängt sehr] à Emmanuelle et Valérie qui l'emmènent en voyage

chaque été. Ensemble, ils vont de ferme en ferme, mais il y en a

une que l'âne aime particulièrement retrouver : c'est la ferme

de Marcelle où Moloch, le vieux **dindon** [Truthahn], l'a attendu tout l'hiver.

Il est heureux aussi de retrouver les **chevaux** [Pferde]. On dirait qu'il les

envie [beneidet] un peu.

Cette année, rien ne se passe comme d'habitude. En arrivant à

la ferme, Balthazar se jette sur une petite **bassine** [Wanne] d'eau qu'il

vide **en un éclair** [im Nu]. Malheureusement, c'est la **gamelle** [Napf] de

Mounette, la **chatte** [Katze] de Marcelle, qui n'a pas l'air contente

du tout. Épuisé par sa longue marche, Balthazar a encore soif.

17 Le tour des fermes

Mounette comprend tout de suite et le conduit au vieux **lavoir**. ^{Waschhaus}

Là, il y a assez d'eau pour **étancher sa soif**. Heureuse, ^{seinen Durst zu löschen}

(gloss: *étancher sa soif* = seinen Durst zu löschen)

Mounette commence à le suivre partout. On dirait qu'il s'est fait une copine ! Balthazar semble apprécier. Pendant toute la semaine à la ferme, on ne l'a plus revu : il est **en bonne compagnie** (in guter Gesellschaft)… Mais au moment du départ, il ne veut rien savoir, la **tête de mule** (Sturkopf), impossible de le faire bouger ! Emmanuelle et Valérie n'avaient pas **prévu** (geplant) de continuer leur voyage avec Mounette, mais elles n'ont pas le choix : qui va porter tous leurs bagages si Balthazar reste à la ferme ?

---

* WWOOF steht für ‚World-Wide Opportunities on Organic Farms' und bezeichnet ein Netzwerk, das dazu dient, Menschen, die einen naturverbundenen Lebensstil auf dem Land kennenlernen möchten, mit Hofbesitzern zusammenzubringen und freiwillige Arbeitsaufenthalte zu vermitteln.

l'accueil
Empfang

- **l'hôte (m.)/l'hôtesse (f.)** — Gastgeber(in)
- **le gîte et le couvert** — Kost und Logis
- **l'hébergement (m.)** — Unterkunft
- **héberger** — eine Unterkunft bieten, aufnehmen

le tourisme durable
nachhaltiger Tourismus

- **le wwoofing** — Wwoofing
- **l'écovolontariat (m.)** — Ökovolontariat
- **le tourisme vert** — grüner Tourismus
- **le voyage solidaire** — ökosolidarische Reise

le tourisme responsable
sanfter Tourismus

17 Le tour des fermes

l'échange — Austausch

- **se confronter aux autres** — sich anderen stellen
- **partager** — teilen
- **être en bonne compagnie** — in guter Gesellschaft sein
- **prêter ses bras** — aushelfen

les animaux — Tiere

- **le chat/la chatte** — Kater/Katze
- **l'âne (m.)/l'ânesse (f.)** — Esel(in)
- **le dindon** — Truthahn
- **la mule** — Maulesel
- **le cheval** — Pferd
- **la vache** — Kuh

les motivations — Gründe

- **vivre avec des animaux** — mit Tieren leben
- **la solidarité** — Solidarität
- **la gratuité** — Kostenfreiheit
- **vivre en communauté** — in einer Gemeinschaft leben
- **sortir du train-train** — dem Alltagstrott entkommen

Un été parfait

Cette année, l'été s'annonce très mal pour Bastien. Tous ses projets sont en train de **tomber à l'eau**[ins Wasser zu fallen]. Pourtant, avec son **bac**[Abi] et son **permis en poche**[Führerschein in der Tasche], il avait tout pour passer un été idéal. Mais voilà, la voiture que son ami Martin devait lui prêter est en panne. Son copain Jules n'est plus disponible pour partir avec lui. Et avec Marion, sa petite amie, **il y a de l'eau dans le gaz**[hängt der Haussegen schief].

Bastien est déprimé. Ça se comprend et ça se voit.

– Bastien, pourquoi tu fais cette tête ? On dirait que tu n'es pas content d'être en vacances !

Voilà son cousin Jean-Charles qui vient l'embêter. C'est sûr, il va encore lui **faire la morale**[eine Moralpredigt halten] :

– Bastien, si tu ne sais pas quoi faire de ton été, **engage-toi**[engagiere dich].

Ne reste pas les bras croisés, fais quelque chose pour

te rendre utile. Moi, par exemple...

Jean-Charles est un jeune homme **modèle**. La mère de Bastien, l'adore et le prend souvent en exemple, ce qui **agace** beaucoup son fils :

– Regarde comme il est **généreux** ! Le week-end, il **donne de son temps** pour distribuer des repas aux personnes **défavorisées**. Et puis, il fait aussi du **bénévolat** dans une **association** humanitaire qui **collecte** des médicaments pour le **tiers-monde**. Tu ne trouves pas ça formidable ?

– Maman, chacun fait comme il veut. Personnellement, je préfère travailler pour être payé...

Bastien a été **pistonné** par un ami, il travaillera au mois d'août comme livreur de pizza. Ce n'est pas extraordinaire, mais c'est mieux que rien. Sauf que là encore, pas de chance : pour cause d'**incendie**, la pizzeria sera finalement fermée pour travaux tout l'été. Pour le jeune homme, c'en est trop ! Cet été va être le pire de sa vie. Complètement déprimé, il **s'effondre** sur le canapé du salon. Sa mère réagit :

– Ne reste pas là sans rien faire. À ton âge, on a plein d'énergie.

Tiens, prends ton vélo et va nous chercher du pain !

À la boulangerie, il y a la **queue**[Schlange]. Bastien a le temps de lire les **petites annonces**[Kleinanzeigen] affichées à côté de la caisse. L'une d'elles **attire son attention**[erregt seine Aufmerksamkeit] :

« L'**association caritative**[Wohlfahrtsverband] *L'été est à tous* cherche chauffeur/chauffeuse de minibus pour accompagner un groupe de personnes âgées à la mer du 5 au 20 août.

Séjour tous **frais**[Kosten] payés.

Contacter le 06… »

Un séjour à la mer, pourquoi pas ? Conduire un minibus, cela ne doit pas être bien compliqué.

Et voilà, Bastien part avec l'association !

Au début, c'est difficile. Certaines personnes âgées n'arrêtent pas de **se plaindre**[sich zu beklagen], il faut être très patient avec elles, accepter leurs **manies**[Fimmel], leur lenteur…

Mais bientôt, Bastien commence à voir les choses autrement. L'association a été **fondée**[gegründet] par un groupe de gens très sympathiques, et il partage avec eux beaucoup de **valeurs**[Werte] :

18 Un été parfait

la **solidarité** [Solidarität] avec les personnes **isolées** [isoliert] ou en situation de **précarité** [prekäre Lebenslage], le lien entre les générations, l'**entraide** [gegenseitige Unterstützung]…

Et puis, c'est l'occasion de belles rencontres. Chacun apporte quelque chose au groupe. Lucien, 79 ans, est adorable et il a tellement d'histoires à raconter. Germaine, 84 ans, est très **affectueuse** [liebevoll], elle appelle Bastien « mon petit **poulet** [Hähnchen] », ce qui le fait bien rire !

Finalement, quand le séjour se termine, Fabien trouve que le temps a passé trop vite. Quel été parfait… L'an prochain, c'est sûr, il sera à nouveau des leurs !

pauvre
arm

défavorisé(e)
benachteiligt

la **précarité**
prekäre Lebenslage

handicapé(e)
behindert

sans domicile fixe
obdachlos

au chômage
arbeitslos

isolé(e)
isoliert

généreux/ généreuse
großzügig

donner
geben

la **solidarité**
Solidarität

partager
teilen

se rendre utile
sich nützlich machen

échanger
tauschen, austauschen

le membre
Mitglied

humanitaire
humanitär

l'**association**
Verband, Verein

les valeurs (f.)
Werte

fonder
gründen

l'association (f.) caritative
Wohlfahrtsverband

18 Un été parfait

collecter
sammeln

le commerce équitable
fairer Handel

le donateur/ la donatrice
Spender(in)

des actions humanitaires
humanitäre Aktionen

le tiers-monde
Dritte Welt

le don
Spende

le pays émergent
Schwellenland

l'entraide
gegenseitige Unterstützung

le volontariat
freiwilliger Dienst

l'engagement (m.)
Engagement

s'engager
sich engagieren

donner de son temps
Zeit schenken

le bénévolat
Ehrenamt

Retour en Romandie

Quand il était petit, Jérôme est parti en vacances avec ses parents en Suisse romande, en Romandie. Au retour, sa grand-mère avait bien ri quand il lui avait raconté son séjour en « Normandie » ! Romandie – Normandie, au fond il y a quelques points communs : les **pâturages** ^(Weiden), les vaches et le bon fromage ! Cet été, il y retourne avec sa femme, Anne, et les enfants. La Suisse est une destination idéale pour **prendre un bon bol d'air** ^(frische Luft zu tanken). Jérôme est sûr que ce voyage va leur faire le plus grand bien. Anne travaille beaucoup, lui-même est bien fatigué de son année. Ils ont besoin de **décompresser** ^(Stress abbauen). Alors, ces paysages de cartes postales avec les petits **chalets** ^(Berghütten) d'**alpage** ^(Alm), les **sommets** ^(Gipfel) enneigés et les lacs, ce sera parfait. Juliette et Gaspard, eux, **sont très gourmands** ^(sind Naschkatzen), ils vont adorer le pays du **chocolat** ^(Schokolade). Et puis en Romandie, on parle français…

À la Gare de Lyon, tout le monde s'installe dans le **TGV** ^(Hochgeschwindigkeitszug)

pour Lausanne. Comme d'habitude, Juliette et Gaspard

se chamaillent ^(zanken sich), mais cela n'empêche pas leurs parents

d'étudier leurs **guides de voyage** ^(Reiseführer) et de rêver :

– Jérôme, je sens que je vais adorer le vieux Lausanne. De

là-haut, il y a une vue magnifique sur les **toits** ^(Dächer) et sur le lac !

– Et si on a le courage, on pourra même monter à l'Hermitage,

visiter une exposition et se promener dans le parc du musée.

– Chéri, c'est bientôt ton anniversaire, tu veux qu'on te cherche

une nouvelle montre ? On sera au pays de l'**horlogerie** ^(Uhrmacherei), non ?

– C'est gentil ! On peut aussi rapporter un **coucou suisse** ^(Schweizer Kuckucksuhr)

pour le salon ? Les enfants vont adorer !

– Mais moi, je ne vais pas supporter...

De Lausanne, ils projettent de faire un petit tour sur le

Lac Léman. Ils iront visiter le Château de Chillon, puis ils

embarqueront ^(werden an Bord gehen) de nouveau jusqu'à Vevey. De là, il y a le *Train

des **Vignes** ^(Weinberge) jusqu'à Chexbres. Le bon vin, les **dégustations** ^(Weinproben),

c'est leur passion à tous les deux ! Ça plaira sans doute moins

aux enfants que le bateau, mais la vue sur les **vignobles** ^(Weinbaugebiete) en terrasse et les **rives** [Ufer] du lac sera certainement **sublime** [überwältigend]...

Les vacances commencent bien. Lausanne et ses vieilles rues **en pente** [am Hang] sont un vrai bonheur… à condition d'avoir de bonnes chaussures ! Anne offre une montre à Jérôme, très belle mais très chère. Les enfants préfèrent un **couteau suisse** [Schweizer Taschenmesser] plutôt qu'un coucou. La promenade **œnologique** [önologisch] est une réussite, et sur les eaux tranquilles du lac, Juliette **n'a pas le mal de mer** [ist nicht seekrank]. Bref, comme disent les Suisses : « **ça joue !** [es läuft!] »

Et maintenant, direction les montagnes du Valais, dernière étape du séjour. Pour Jérôme, c'est l'un de ses meilleurs souvenirs d'enfance. Avec ses parents, il avait passé quelques jours de rêve dans un petit village. C'était l'hiver, tout était blanc. Ils **avaient fait du ski** [waren Skifahren] et **des randonnées** [wandern] en **raquettes** [Schneeschuhe].

En été, les paysages sont plus verts, mais tout aussi agréables ! Le soir, affamés par leur journée **au grand air** [an der frischen Luft], Jérôme, Anne et les enfants vont **s'attabler** [sich zu Tisch setzen] à l'**auberge** [Gasthaus] du village pour **déguster** [genießen] une **raclette** [Raclette]. Mais qui leur apporte le menu ?

Incroyable, c'est toujours le père Fernand ! Jérôme le reconnaît

19 Retour en Romandie

immédiatement. Le vieil homme a maintenant 89 ans, **huitante**[achzig]-neuf, comme on dit ici, « bientôt **nonante**[neunzig] » ajoute-t-il avec fierté.

Ce soir, la raclette est aussi bonne que dans ses souvenirs.

En repartant, Jérôme est très **ému**[gerührt].

- À la prochaine, père Fernand, **portez-vous bien !**[bleiben Sie gesund!]
- Vous aussi. Comme on dit chez nous : **tout de bon !**[alles Gute!]

---

* der 'Train de Vignes' ist ein Regionalzug, der zwischen Vevey und Chexbres verkehrt. Seine wunderschöne Strecke führt durch die Weinterrassen des Lavaux, einem UNESCO-Weltkulturerbe.

19 Retour en Romandie

goûter un vin
einen Wein kosten

la vigne
Weinberg

le vignoble
Weinbaugebiet

le vin
Wein

la dégustation
Weinprobe

œnologique
önologisch, Wein-…

un grand cru
ein großer Wein

---

l'embarcadère (m.)
Anlegestelle

le port
Hafen

le Lac Léman
Genfer See

embarquer
an Bord gehen

la rive
Ufer

débarquer
an Land gehen

---

la vallée
Tal

l'alpage (m.)
Alm

la montagne
Berg

le col
Bergpass

le chalet
Berghütte

le sommet
Gipfel

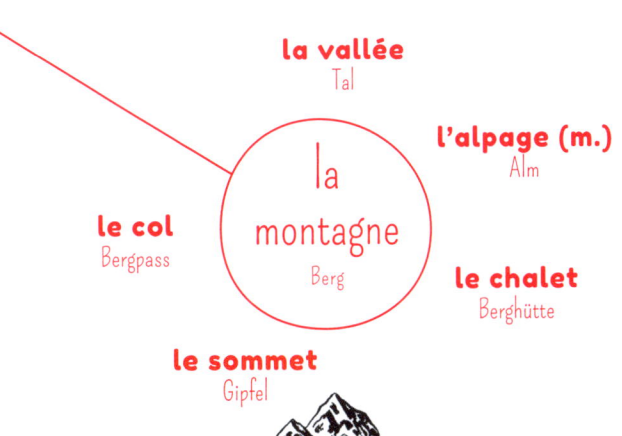

Restons cohérents !

La famille Reblochon rentre d'un déjeuner chez des amis.

Le repas était excellent, mais Maxime s'est ennuyé. On a parlé du **réchauffement climatique** [Klimaerwärmung], les discussions étaient trop **consensuelles** [einseitig] pour lui. Dans la voiture, l'adolescent, qui n'a pas parlé de l'après-midi, **explose** [explodiert] :

– Il faut se réveiller, papa. Ouvre les yeux ! Ne dis pas des choses comme ça...

– Ça ne te plaît pas quand je dis que je suis **écolo** [öko] ? Avec ta mère, on a toujours été écolos. Tu le sais bien...

– **Arrête** [Hör auf], papa. Ce mot ne veut plus rien dire aujourd'hui !

– Comment ça ? Ne sois pas si **excessif** [überempfindlich] et ne t'énerve pas comme ça, Maxime.

– Je ne suis pas excessif, maman. Mais comment pouvez-vous être aussi naïfs ? Regardez votre **mode de vie** [Lebensstil] ! Votre tri

Mülltrennung *vermieden*
sélectif : il a **empêché** le réchauffement climatique ? Non !

Et tu as vraiment besoin d'avoir un SUV ? Et aussi de prendre

l'avion pour aller à des réunions… ? Tu dois être un peu plus
kohärent
cohérent !

– Et qu'est-ce qu'il faut faire alors ?
wird lebhaft *ist sauer*
La discussion **s'anime**. Maxime **en veut** beaucoup à ses

parents, à leurs amis… Il est très en colère. Il est important
überzeugen
pour lui de **convaincre** ses parents.

reduzieren *Treibhausgase*
– Et pour **réduire** les émissions de **gaz à effets de serre** ?
Regelungen *einhalten*
On a besoin de **règles** et il faut les faire **respecter** ! Ce sont

les…

– Maxime, je sais…

– Mais laisse-moi dire ce que je pense !

– Toi, tu as seize ans… Nous, avec ta mère, on est écolos depuis
trennt *Müll* *recycelt*
plus de trente ans. On **trie** nos **déchets**. On **recycle** nos
Plastiktüten *kompostiert* *Obst- und Gemüseschalen*
sacs en plastique. On **composte** nos **épluchures**.
isst bio
On **mange bio** et on va à la boulangerie en vélo…
gutes Gewissen
– Oui, et avec ça, vous avez la **conscience en paix** !
gesperrt
À l'entrée de la ville, la route est **barrée**. Il y a du monde

partout. On entend de la musique, l'**ambiance** [Stimmung] est joyeuse.

Est-ce qu'il y a une fête ce dimanche ? Il y a beaucoup de voitures de police...

– C'est une **manif** [Demo], papa. **Arrête-toi** [Halt an!] ! Vous avez vu les **pancartes** [Plakate] et les **slogans** [Sprüche] ? C'est une **manifestation** [Demonstration] pour le climat. Ils nous ont entendus !

À ce moment-là, le portable de Maxime sonne...

– Clément ! Tu es où ? Ça va ? ... Comment ? À Saint-Peters-bourg ? Et tu fais quoi là-bas ? ... Oh oui, **ça me dit bien** [ich hätte schon Lust] ! C'est trop cool ! ... Je ne sais pas si mes parents seront d'accord... Je leur en parle et je te rappelle !

Maxime **hésite** [zögert] un instant. Ce n'est peut-être pas le bon moment pour demander quelque chose à ses parents...

– C'était Clément. Il m'invite à Saint-Pétersbourg...

Personne ne répond. La voiture **redémarre** [fährt weiter]. La manifestation est finie et la route est réouverte. Les parents de Maxime ne **réagissent** [reagieren] pas. Le silence est très lourd dans la voiture.

Maxime ne parle plus non plus. Il est sûr que c'est non...

Il regrette cette **polémique** [Polemik] sur le climat avec ses parents.

20 Restons cohérents !

Oui, il est excessif, c'est vrai. Mais il pense qu'on doit être excessif quand on est jeune ! La mère de Maxime se décide enfin à parler. Elle ne veut pas **fâcher** [verärgern] son fils... Elle commence, hésitante :

– Mais tu as réfléchi à...

– À quoi, maman ?

Maxime a la voix qui **tremble** [zittert]. Il parle tout doucement, comme un petit enfant.

– Comment tu vas aller à Saint-Pétersbourg ? Tu y as pensé ?

Maxime n'a pas le temps de répondre. Son père **prend la parole** [ergreift das Wort] avec un grand sourire :

– Il va y aller en **vélo électrique** [E-Bike] !

les émissions (f.) de gaz à effet de serre
Emissionen von Treibhausgasen

rejeter du CO_2
CO_2 ausstoßen

la couche d'ozone
Ozonschicht

le réchauffement climatique
Klimaerwärmung

la pollution
Umweltverschmutzung

trier les déchets (m.)
Müll trennen

le recyclage
Recycling

changer son mode de vie
seinen Lebensstil ändern

la conscience écologique
ökologisches Selbstbewusstsein

manger bio
Bio essen

recycler
recyceln

composter
kompostieren

le tri sélectif
Mülltrennung

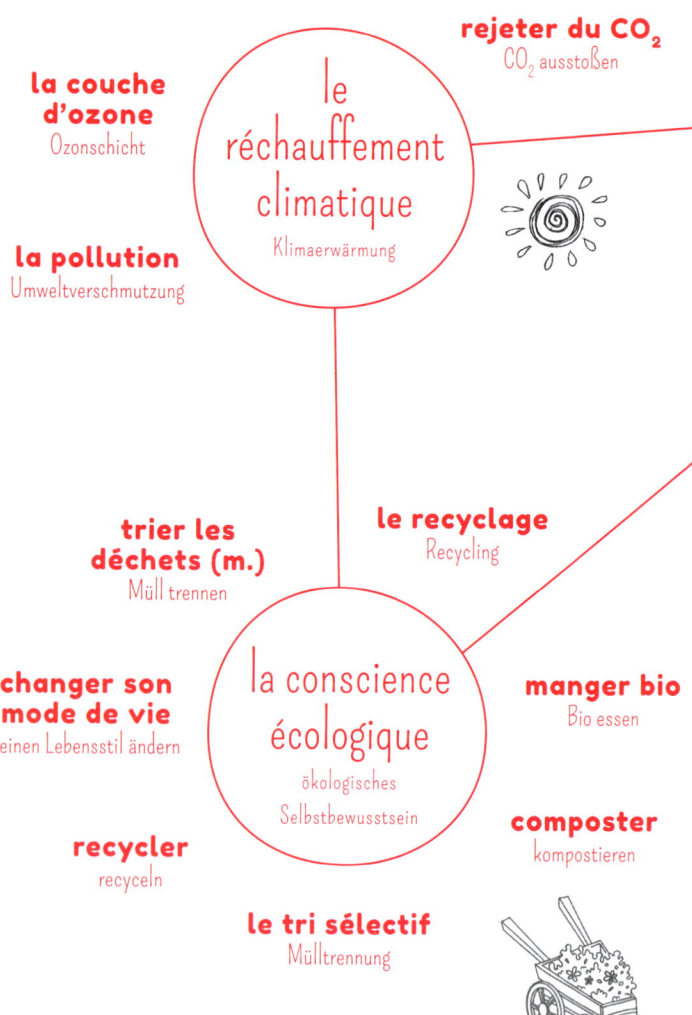

20 Restons cohérents !

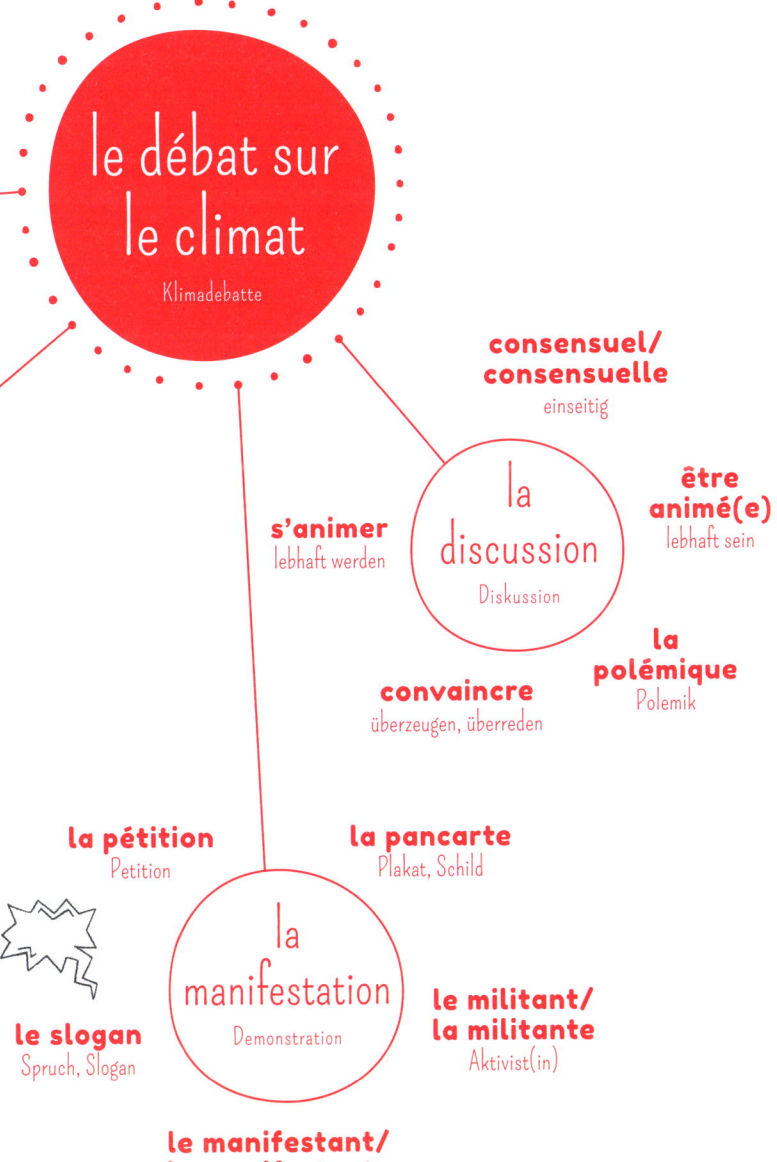

BILDNACHWEIS

U1 GettyImages/Xantana; **26,** 66.3 Getty Images (appleuzr), München; **36,** 37.1, 37.2.5 Shutterstock (Valeriya_Dor), New York; **78,** 126.1.5 Shutterstock (Haryadi CH), New York; **12.1** Getty Images (kyuree), München; **12.2,** 12.3,12.4,12.5 Shutterstock (artnLera) New York; **13.2,** 18.3, 30.3, 36.1, 36.2, 36.3, 43.1, 61.4, 67.1, 42.2, 54.1, 61.1, 66.1, 67.2, 102.1, 103.1, 61.3, 127 Getty Images (Paket), München; **13.1,** 66.2 Getty Images (Dina Mariani), München; **18.1,** 18.2 Getty Images (FrankRamspott), München; **18.4** Shutterstock (La puma), New York; **19.2** Shutterstock (artnLera), New York; **24.1,** 24.2, 120.2, 121.1 Getty Images (topform84), München; **24.4,** 24.3, 91.2, 97.1, 96.1, 96.2, 96.4, 120.3 Shutterstock (Farah Sadikhova), New York; **25.1** Shutterstock (Nikolaeva), New York; **30.1,** 30.2, 31.3, 31.1, 103.3, 102.2 Getty Images (topform84), München; **31.2** Getty Images (Ming Lok Fung), München; **36.4** Getty Images (veekicl), München; **37.1,** 24.4, 55.2, 90.4, 120.1 Getty Images (kostenkodesign), München; **48.5,** 48.1, 48.4, 48.2, 78.3 Shutterstock (Natasha Pankina), New York; **48.3,** 49.2, 54.2 GooseFrol; **54.2,** 91.1, 114, 115 Shutterstock (KateMacate), New York; **60.2** Getty Images (veekicl), München; **60.1,** 72.1, 121.2 Shutterstock (topform), New York; **61.1,** 61.3 Getty Images (kyuree), München; **73.1,** 79.1, 79.2, 103.3 Shutterstock (Maria Averburg), New York; **78.2** Shutterstock (Elena Kazanskaya), New York; **78.1,** 78.4, Getty Images (Ollustrator), München; **78.6,** 85.1, 85.2 Shutterstock (topform), New York; **84.3,** 84.3, 84.1 Shutterstock (Tiwat K), New York; **90.4,** 90.2, 90.1 Getty Images (Natasha_Pankina), München; **96.3** Getty Images (Natasha_Pankina), München; **97.2,** 97.3 Getty Images (insemar), München; **108.1,** 108.3, 108.2, 108.3 Shutterstock (balabolka), New York; **121.3** Shutterstock (GooseFrol), New York; **19,** 126.2.1 Shutterstock (primiaou), New York